LE GUIDE DE L'EXTASE SEXUELLE

ANNE HOOPER

LE GUIDE DE L'EXTASE SEXUELLE

ANNE HOOPER

ÉDITIONS
HORS COLLECTION

UN LIVRE DORLING KINDERSLEY
www.dk.com

Création et édition : Focus Publishing
Mise en pages : Ateliers de typographie Collette inc.
Traduction : Molière, Robert & Vous

ISBN : 2-258-05329-3
N° éditeur : 385

Imprimé en Italie

www.horscollection.com

TABLE DES MATIÈRES

DU PLAISIR À FEUILLETER

Pour nourrir votre appétit sexuel, feuilletez ce manuel en jetant un coup d'œil à l'angle supérieur droit de chaque page. Vous découvrirez un couple qui expérimente les voies menant à l'extase sexuelle.

INTRODUCTION

VOUS VOUS APPRÊTEZ À LIRE le *Guide de l'extase sexuelle.* Qu'entend-on par « extase sexuelle » ? De fait, il s'agit d'abord et avant tout de faire l'*amour*, cette interaction suprême entre vous et votre partenaire par laquelle vous exprimez vos sentiments les plus profonds, en toute confiance, de façon tout à fait détendue. L'extase sexuelle, c'est aussi une sensation physique intense, mettant en jeu un processus libérateur se traduisant par la découverte spirituelle et un profond sentiment de contentement.

LA LIBÉRATION DE VOTRE ÉNERGIE SEXUELLE

Par-dessus tout, la voie qui mène au septième ciel découle d'un processus d'échange d'énergie sexuelle et émotionnelle entre vous et votre partenaire au moment où les charges énergétiques ont atteint leur plus haut niveau d'intensité.

Nous méritons tous d'avoir des relations sexuelles hautement satisfaisantes. Parfois avec un peu d'aide, nous sommes tous en mesure de partager une telle expérience avec un partenaire aimant et compréhensif. L'objectif de ce manuel est justement de vous apporter cette aide. Je peux

AIMER POUR ÊTRE AIMÉ

Apprenez à prendre le temps de faire l'amour, prenez plaisir à libérer graduellement votre énergie sexuelle, et l'expérience sera chaque fois merveilleuse.

émettre des suggestions, mais seuls vous et votre partenaire pouvez mettre ces conseils en pratique de manière à tirer le maximum de vos potentiels respectifs en matière d'énergie sexuelle.

L'énergie sexuelle est une variante de l'électricité naturelle émise par le corps, une source de courant continu et invisible qui se meut en nous et autour de nous chaque jour de notre vie.

FAIRE LE PLEIN D'ÉNERGIE À DEUX
Vous pouvez aider votre partenaire à découvrir son propre potentiel d'énergie sexuelle tout en tirant le maximum du vôtre.

La notion selon laquelle le corps est doté d'une énergie particulière a été élaborée dans l'Antiquité. Les anciens Chinois croyaient que certains points méridiens, s'ils étaient adéquatement stimulés, arrivaient à charger la personne d'énergie.

Pour atteindre ces points d'énergie bien dissimulés, commencez par vous débarrasser de l'idée voulant que la sexualité ne s'exprime que par la spontanéité. L'ouvrage ancien intitulé *Tao of Sex* décrit quelques actions spécifiques à pratiquer, telle une sorte de gymnastique dont l'objectif principal est de faire monter l'énergie. C'est merveilleux de faire l'amour avec spontanéité, mais il y a d'autres moyens pour que deux corps et deux esprits fusionnent et en retirent, en cours de processus, le plus grand plaisir.

Une façon de raviver la flamme

Vous souvenez-vous de vos premières relations sexuelles avec votre partenaire ? Au moment où tout allait comme sur des roulettes, où vous vous sentiez détendus et tout à fait à l'aise ensemble et que faire l'amour était une telle partie de plaisir que vous vous élanciez sur le lit comme deux larrons en foire ? Vous rappelez-vous le temps où vous vous allongiez uniquement pour goûter à ce plaisir sensuel ? Quelle époque magnifique que celle de la découverte de la sensualité ! Malheureusement, vous ne pouvez recréer la magie d'une première fois. Toutefois, grâce à ce manuel et à ses exercices sexuels incroyablement efficaces, vous apprendrez à refaire le plein d'énergie sexuelle, à redécouvrir les joies de faire l'amour avec votre partenaire et à ressentir l'effet de révélation apporté par la découverte spirituelle et le sentiment de plénitude.

Anne Hooper

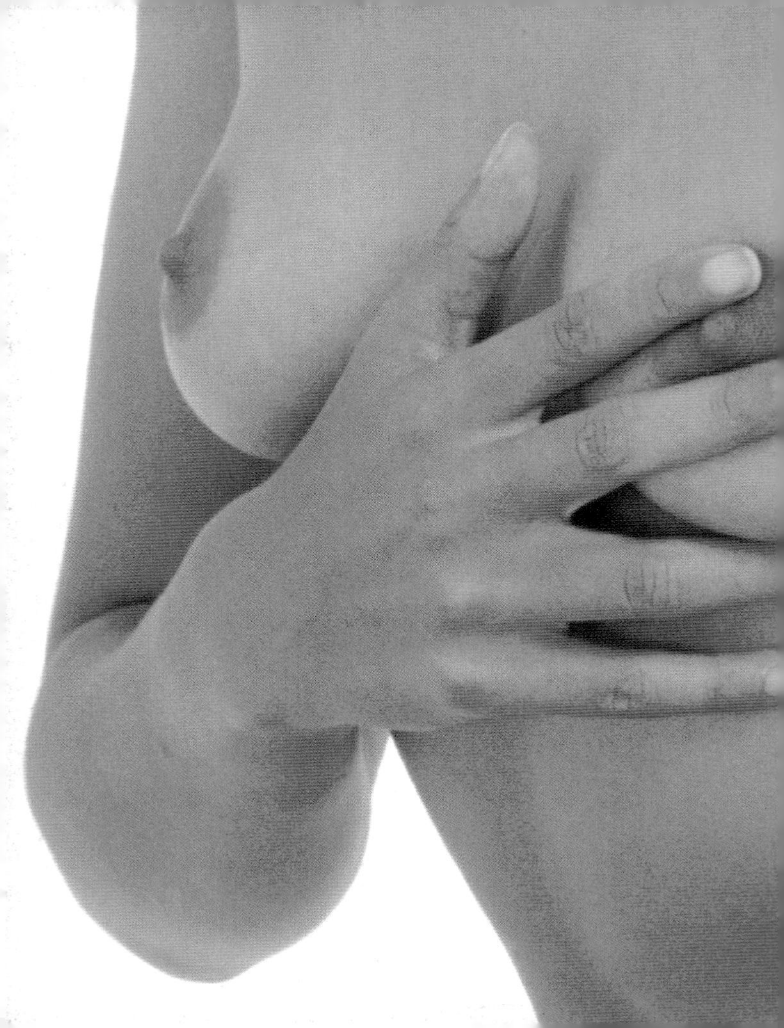

LA LIBÉRATION DE VOTRE ÉNERGIE SEXUELLE

Préparer le corps et l'esprit aux plaisirs à venir est loin d'être du temps perdu. Ce que vous récolterez de cette entrée en matière aura tôt fait de vous en convaincre ! Songez un instant à la possibilité de découvrir des méthodes vous permettant de canaliser volontairement votre énergie sur le plaisir sexuel tout en perdant toute trace d'inhibitions. Pensez à la possibilité de pouvoir puiser aux sources profondes de votre énergie spirituelle et corporelle et d'emprunter la voie de la volupté. C'est possible, vous le constaterez.

RELAXATION ET ÉNERGIE

LES ACTIVITÉS DÉCRITES dans cet ouvrage sont en grande partie conçues pour être faites à deux. Cela s'explique par le fait que, pour la plupart d'entre nous, il est beaucoup plus agréable de développer et de dépenser son potentiel sexuel en compagnie de la personne aimée. Cependant, les exercices décrits ci-après diffèrent des autres en ce sens qu'ils sont destinés à aider chacun à condenser l'énergie sexuelle de son propre corps. Évidemment, libre à vous d'effectuer ces exercices en bonne compagnie, si tel est votre désir.

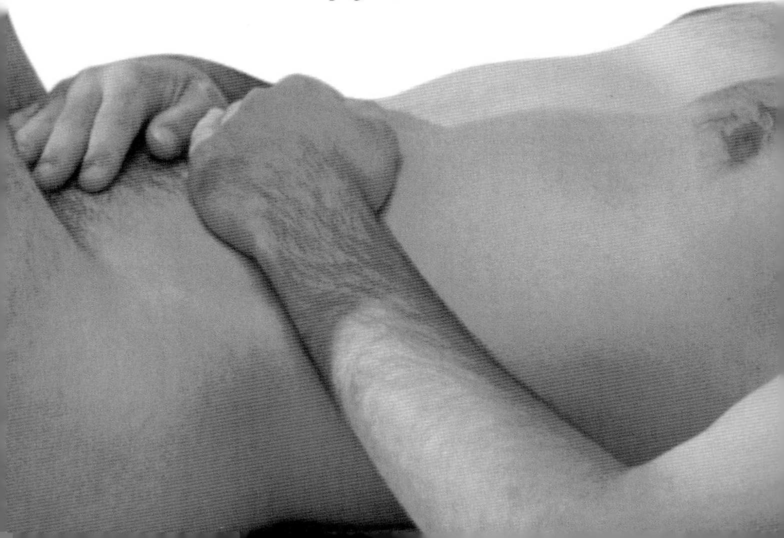

PRÉPAREZ-VOUS À LA RELAXATION

Il n'est pas toujours facile de « décrocher ». Une certaine préparation est nécessaire avant de pouvoir s'abandonner : portez des vêtements amples (ou rien du tout), allongez-vous dans un endroit paisible et confortable où vous ne serez pas dérangé.

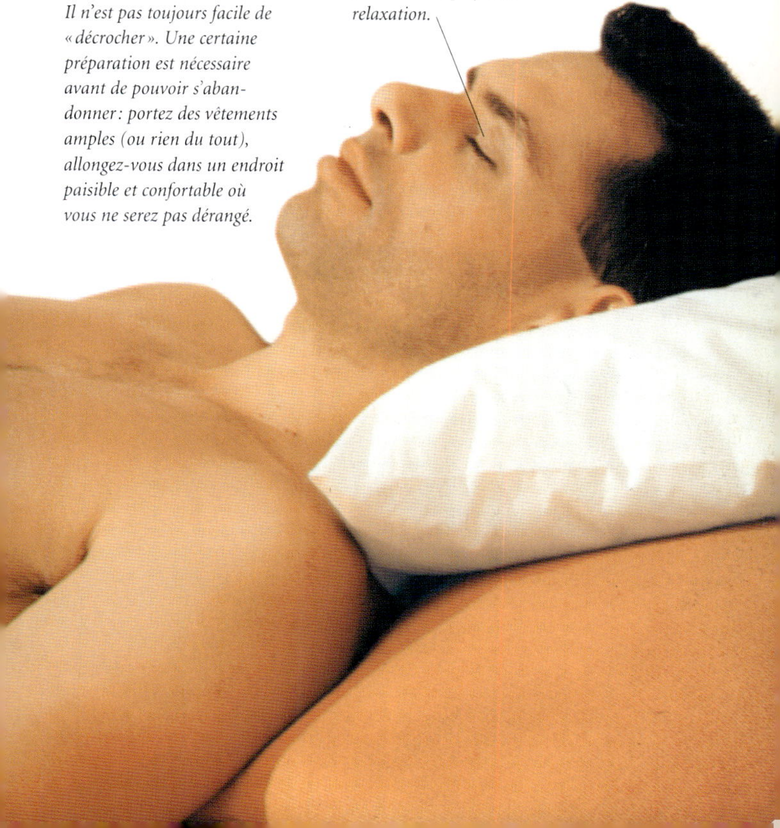

Fermez les yeux pour favoriser une profonde relaxation.

TENSION CONTRE RELAXATION

Les niveaux de relaxation n'ont pas tous le même intérêt. Ainsi, si vous vous détendez au point d'entrer dans un état léthargique, vous vous endormirez. L'énergie sexuelle n'échappe pas à cette règle. Lorsque le corps est extrêmement détendu, l'envie de dormir prend le pas sur le désir d'être embrasé par les feux de l'amour et de la volupté. Cependant, lorsque vous atteignez cet état, unique et stimulant, dans lequel vous êtes à la fois mentalement détendu mais physiquement alerte, vous arrivez à un équilibre sexuel pouvant conduire à des sensations merveilleusement satisfaisantes. Fait paradoxal, l'un des moyens d'arriver à un tel état est d'entamer le processus en étant détendu, à la fois physiquement *et* mentalement.

LE STRESS VOLONTAIRE

La meilleure façon d'arriver à la relaxation corporelle est de faire subir à notre corps un stress volontaire pour ensuite percevoir le contraste apporté par la détente. Plusieurs personnes pensent que pour arriver à l'orgasme, il faut être détendu. En réalité, l'orgasme s'exprime par une combinaison de détente psychique et de tension musculaire. La relaxation doit donc être vue comme le point de départ de divers aspects de la sexualité.

Caressez-vous pour libérer les tensions et vous aider à relaxer.

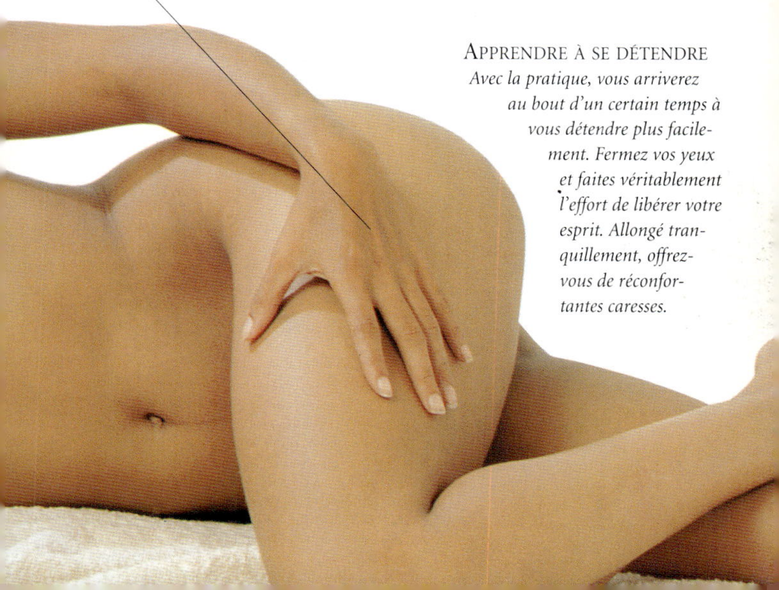

APPRENDRE À SE DÉTENDRE
Avec la pratique, vous arriverez au bout d'un certain temps à vous détendre plus facilement. Fermez vos yeux et faites véritablement l'effort de libérer votre esprit. Allongé tranquillement, offrez-vous de réconfortantes caresses.

LA TENSION ET LA DÉTENTE

LA TENSION ET LA RELAXATION sont deux notions complémentaires, l'une ne pouvant s'exprimer sans l'autre. Les exercices qui suivent favorisent la relaxation totale en tendant délibérément les muscles du corps pour vous permettre de mieux en apprécier la détente. Ils vous aideront à comprendre ce que représente l'énergie corporelle; votre premier pas vers le dynamisme sexuel!

CONFORTABLEMENT ALLONGÉ

Placez une serviette sur le sol et allongez-vous sur le dos. Inspirez lentement par le nez et expirez par la bouche. Après quelques minutes, essayez de découvrir quelles parties de votre corps sont les plus tendues, sans oublier de maintenir la respiration à un rythme lent.

Expirez lentement par la bouche pour mieux sentir la détente vous envahir.

LOCALISATION DES POINTS DE TENSION

Après avoir repéré les parties du corps tendues, contractez les muscles de ces parties, comptez jusqu'à trois, puis relâchez. S'il vous est difficile de trouver ces endroits, ou si vous vous sentez tendu de la tête aux pieds, essayez alors l'approche globale qui consiste à contracter successivement toutes les parties du corps puis à les relâcher. Commencez par le bout du pied droit et remontez jusqu'au haut de la jambe droite. Passez ensuite au bout du pied gauche et refaites l'ascension. Montez graduellement de l'abdomen au cou, en poursuivant toujours le même mouvement de contraction-relaxation.

Concentrez-vous sur les parties les plus tendues de votre corps. Avec la pratique, vous arriverez à contracter, puis à relâcher chacun de vos muscles.

POUR UNE ATMOSPHÈRE PROPICE
Pour vous étendre, choisissez un endroit paisible et confortable. Un environnement approprié est essentiel pour arriver à bien se détendre.

CONTRACTION DU VISAGE

Il existe également des exercices pour le visage. Commencez par bien rentrer le menton, comptez jusqu'à trois, puis relâchez. Basculez ensuite la tête vers l'arrière de manière à voir le plafond, maintenez la position, relâchez. Contractez chaque côté de votre visage, maintenez la position, relâchez. Ouvrez grand la bouche, maintenez la position et relâchez.

RELAXATION COMPLÈTE

Après avoir contracté et relaxé tout votre corps, portez attention aux tensions qui pourraient encore être présentes. S'il y a lieu, contractez de nouveau les zones tendues et relâchez jusqu'à ce que vous soyez tout à fait détendu.

LE CORPS ET L'ESPRIT EN HARMONIE
Continuez à vous concentrer sur chaque partie du corps encore tendue.

MOUVEMENTS LENTS

Ne vous brusquez pas à la fin de votre période de relaxation. De grâce, ne perdez rien de cette tranquillité nouvellement acquise ! Ne vous rasseyez pas d'un coup. Attendez et goûtez la douce immobilité de vos membres. Dites-vous que rien ne vous oblige à vous lever tout de suite. Retournez-vous sur le ventre et relevez-vous très lentement. Ainsi, vous éviterez le malaise causé par le reflux sanguin des membres supérieurs.

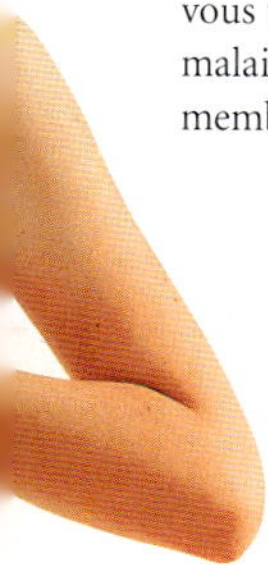

SAVOURER LE MOMENT
Une fois debout, levez lentement les bras au-dessus de votre tête tout en respirant profondément. Sentez l'énergie vous envahir.

L'IMPORTANCE DE BIEN RESPIRER

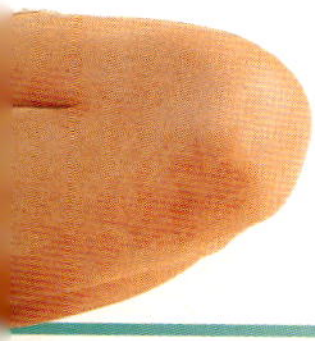

Lorsque nous sommes tendus, nous oublions facilement de respirer lentement et régulièrement. Lorsque nous sommes crispés et stressés, notre souffle est court et saccadé. Le fait de pouvoir ralentir la respiration à volonté contribue à la réussite de la méthode de relaxation.

L'ÉNERGIE DU CORPS

LA NOTION SELON LAQUELLE LE CORPS HUMAIN dégage une force invisible (pouvant être décrite en terme d'énergie) ne date pas d'hier. En respirant profondément, nous pouvons sentir l'énergie par le biais de contractions délibérées servant à nous « ouvrir ». Sachez que certaines personnes sont très étonnées lorsqu'elles ressentent pour la première fois le flux de leur énergie sexuelle.

Laissez l'énergie émaner de vos paumes levées.

SENTEZ VOTRE ÉNERGIE *Soyez mutuellement réceptifs au flux d'énergie qui émane de l'un et de l'autre. Vous et votre partenaire découvrirez les plaisirs de l'harmonie physique et spirituelle.*

L'IMPORTANCE D'UNE BONNE RESPIRATION

Respirer profondément est l'un des éléments clés servant à libérer les émotions. Certains d'entre nous prennent l'habitude de « ne pas respirer » ou de respirer de façon superficielle et sans profondeur. Peut-être que ces personnes évitent ainsi les « mauvaises » expériences, mais, en refusant de se laisser aller, elles sont tout aussi perdantes, car elles se privent des plaisirs des « bonnes » expériences.

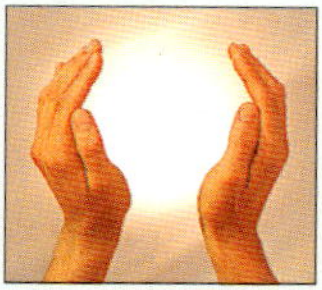

L'EFFET KIRLIAN

La technique photographique Kirlian met en évidence les champs d'énergie qui émanent de tous les corps vivants. Cette énergie peut changer selon l'état de santé du sujet. Les exercices de bioénergie proposés dans la partie suivante démontrent comment les êtres humains peuvent améliorer globalement l'intensité et la qualité de leur énergie corporelle.

COMMENT RESPIRER DE FAÇON ADÉQUATE

La respiration doit venir du diaphragme. Cela signifie qu'il faut prendre de profondes et lentes respirations en inspirant par le nez et en expirant par la bouche. Pour savoir si le mouvement est fait correctement, il suffit de placer la main juste en dessous de la poitrine, dans l'espace entre les côtes. En inspirant, sentez-vous le mouvement des côtes qui montent en prenant de l'expansion ? S'il n'y a que votre ventre qui travaille, le mouvement n'est pas fait correctement. Redirigez volontairement le mouvement vers le haut. Cette technique respiratoire régulière à partir du diaphragme est à la base de tous les exercices qui suivent.

LA BIOÉNERGIE

TOUTE UNE GAMME d'exercices a été élaborée, inspirée de l'école de pensée qu'est la « bioénergie ». Ces exercices vous aideront à prendre conscience de votre corps et à libérer votre énergie tout en servant d'excellente introduction au grand jeu de l'amour.

LE FLUX ÉNERGÉTIQUE

L'« enracinement » est un exercice bioénergétique permettant de mieux sentir le flux d'énergie qui traverse la terre et votre corps. Tout en étant agréable et relaxant, cet exercice vous permettra de sentir votre force intérieure. L'« enracinement » est un excellent moyen de percevoir la puissance de votre corps, particulièrement au niveau des cuisses et du bassin.

PERCEPTION DES VIBRATIONS
Lorsque vous aurez pratiqué cet exercice à quelques reprises, vous arriverez à percevoir au niveau des cuisses une vibration révélant le passage du flux énergétique.

L'« ENRACINEMENT »

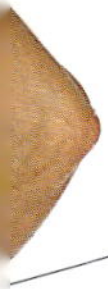

Avec les poings, appuyez sur le creux des reins pour favoriser la concentration de l'énergie au niveau de la région pelvienne.

1 Tenez-vous debout, les pieds à une distance d'environ 46 cm (18 po), les orteils pointés vers l'extérieur, les genoux légèrement fléchis. Avec les poings, exercez une pression sur le dos, juste au-dessus de la taille.

2 Laissez tomber la tête vers l'arrière tout en appuyant fermement les talons au sol. Considérez le sol comme une immense source d'énergie et vous comme un arbre ou une plante prenant racine au sein même de cette énergie. Continuez à sentir la pression exercée sur le sol par les talons. Gardez cette position aussi longtemps que les jambes et le cou vous le permettent, en respirant profondément à partir du diaphragme.

3 Tenez-vous bien droit, à l'expiration, puis inclinez la partie supérieure de votre corps vers l'avant jusqu'à ce que vos mains touchent presque le sol. Maintenez cette position, toujours en exerçant une pression avec les talons. Après une ou deux minutes, relevez-vous de nouveau bien droit et détendez-vous.

4 Après avoir fait cet exercice à quelques reprises, vous devriez percevoir une vibration au niveau des cuisses. Cette vibration indique la libération du flux énergétique.

FINIR EN BEAUTÉ

Une fois l'exercice d'« enracinement » terminé, allongez-vous sur le lit et détendez-vous pendant une minute ou deux avant de donner à votre corps et à vos organes génitaux un massage sensuel. Concentrez-vous sur le milieu et le haut de votre corps et le haut de vos jambes, et observez les effets de la poussée énergétique que vous venez de ressentir.

Exercices du bassin

Alors que, chez certaines personnes, c'est tout le corps qui s'éveille au moment des rapports sexuels, d'autres ne ressentent des sensations qu'au niveau des organes génitaux. En exerçant la région pelvienne, vous favoriserez une meilleure «ouverture» de votre corps.

Le premier exercice est le soulèvement du bassin. Allongez-vous sur le dos, les genoux relevés et les bras le long du corps, paumes vers le sol. Relevez les fesses et cambrez le dos. Les pieds, les épaules, le cou ainsi que la tête devraient être les seules parties du corps à toucher le sol. Appuyez bien les talons contre le sol comme pour les « enraciner » et pour puiser l'énergie de la terre. Conservez cette position pendant environ deux minutes, puis relâchez. Il est possible que vous ressentiez des vibrations au niveau des cuisses ainsi que des sensations dans le bassin.

Laissez l'énergie remonter le long de vos cuisses et traverser la région pelvienne.

MISE EN GARDE
Toute personne souffrant de maux de dos devrait s'abstenir d'effectuer les exercices pelviens.

LE BLOCAGE DES ÉMOTIONS

L'un des réflexes négatifs que nous avons souvent inconsciemment est de bloquer nos sensations sexuelles. En travaillant sur le « laisser-aller » du corps, nous apprenons à libérer nos émotions et à nous laisser gagner par l'excitation. Toutefois, certaines personnes sont terrifiées à l'idée d'être dépassées par leurs émotions. Les exercices pelviens servent à accentuer la tension sexuelle et à permettre de la ressentir en tant qu'énergie. Si cela vous stimule, laissez-vous aller.

EXERCICES D'ASSOUPLISSEMENT

En respirant profondément et en favorisant de façon dynamique la montée de la tension pelvienne, nous apprenons à faire travailler avantageusement le corps. Parvenir à bouger avec aisance et à détendre ses membres raides sont deux éléments du processus. Comprendre son propre type de tensions sexuelles et d'orgasme en est un autre.

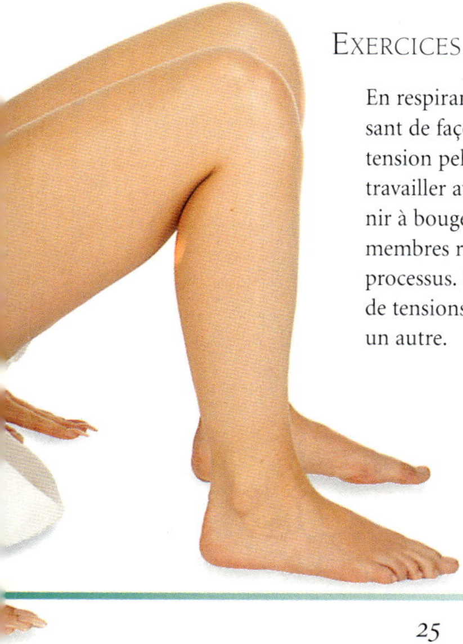

EXERCICES PELVIENS
De simples mouvements pelviens permettent de libérer l'énergie sexuelle qui circule à travers le corps.

LE BALANCEMENT DU BASSIN

Allongez-vous sur le dos, les paumes au sol et les jambes étendues. En inspirant, cambrez le dos en gardant les fesses au sol et inclinez le bassin dans la direction opposée à la tête. En expirant, appuyez la colonne vertébrale au sol et remontez le bassin vers la tête. Vous verrez comment ces deux mouvements font balancer votre bassin. Répétez 10 fois.

EXERCICE AU MUR

C'est une variante du soulèvement du bassin. Au lieu d'effectuer l'exercice au sol, vous le faites les jambes relevées, appuyées contre un mur. Le mouvement ressemble beaucoup au jeu d'escalade que pratiquent les jeunes enfants.

Allongez-vous, les fesses et la plante des pieds bien appuyées contre le mur. Au moment de l'inspiration, balancez le bassin vers l'arrière et décollez légèrement la colonne vertébrale du sol. À chaque inspiration, continuez à lever la colonne toujours un peu plus haut sans dépasser la limite du confortable. Votre corps forme un arc. Puis, en expirant, relâchez et revenez à la position initiale.

Balancez doucement les hanches en effectuant un mouvement de rotation.

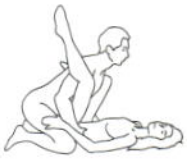

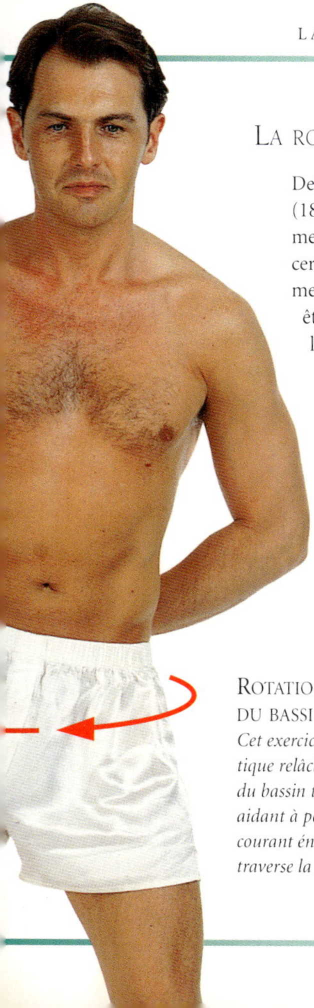

LA ROTATION DU BASSIN

Debout, les pieds à une distance d'environ 46 cm (18 po), bougez les hanches en décrivant un mouvement de rotation comme pour faire tourner un cerceau. Devant, côté, derrière, côté, puis recommencez. Portez attention à la respiration qui doit être régulière et bien rythmée tout au long de l'exercice. Pour vous aider, imaginez un cerceau tournoyant autour de votre taille. Le mouvement peut s'effectuer en pivotant dans le sens des aiguilles d'une montre, puis dans le sens contraire, pour finir en décrivant un huit. Cet exercice a pour but d'assouplir le bassin et de lui faire perde sa raideur.

ROTATION DU BASSIN

Cet exercice bioénergétique relâche les tensions du bassin tout en vous aidant à percevoir le courant énergétique qui traverse la zone génitale.

AMUSEZ-VOUS

Habillez-vous confortablement, ne pensez plus à rien et prenez le temps de vous amuser en exécutant ces exercices bioénergétiques. Partez librement à la découverte et laissez votre énergie sexuelle se libérer; c'est un acte libérateur favorisant l'édification de la confiance en soi et la prise de conscience de sa sexualité.

VAINCRE SES INHIBITIONS

LES COMPLEXES QUE NOUS ENTRETENONS empêchent notre entière réalisation. Les multiples interdictions – « Tu ne dois pas te toucher », « Fuis le ridicule comme la peste » – que nous traînons depuis notre enfance sont notre pire ennemi. Les exercices qui suivent ont pour but non seulement de réveiller la source du plaisir pelvien, mais aussi de surmonter la honte qui nous habite depuis trop longtemps.

Nos parents ont hérité de comportements à l'égard de la sexualité qui ont été transmis d'une génération à l'autre et, avec nous, la tradition se poursuit. Nous sommes aux prises avec des conceptions surannées qui nous affectent parfois à notre insu.

LAISSEZ-VOUS ALLER, LIBÉREZ-VOUS ! *Vous n'arriverez pas à vous libérer entièrement avant d'avoir abandonné tous vos préjugés sexuels.*

Caressez doucement et partout votre corps.

À QUATRE PATTES

Installez-vous à quatre pattes, la plante des pieds contre le mur et la tête dans la direction opposée. En inspirant, cambrez le bassin vers l'arrière (les fesses relevées) puis vers l'avant en expirant. En cambrant le bassin vers l'arrière, pressez vos mains contre le sol. En cambrant le bassin vers l'avant, poussez vos talons contre le mur. Répétez l'exercice 10 fois. Seul le bassin doit bouger. N'avancez pas davantage le reste du corps vers l'avant.

SOYEZ OUVERT

Les exercices de cette page et de celles qui suivent non seulement vous demandent de laisser tomber vos idées préconçues, mais vous encouragent à effectuer volontairement certains gestes qui pourraient vous paraître ridicules. Exagérez les poses. Prenez conscience de vos émotions. Pouvez-vous les tolérer ? Les apprécier ? Détendez-vous et commencez à développer votre sexualité.

LES FESSES EN L'AIR

Installez-vous à quatre pattes, la tête touchant le sol, les bras étendus de chaque côté de la tête et les fesses pointant vers le haut. Exagérez le mouvement délibérément pour voir jusqu'où le fessier peut aller. En faisant cet exercice, soyez attentif aux sensations suivantes : expansion au niveau de la poitrine, relâchement du ventre, ouverture et déploiement du fessier.

EN POSITION ACCROUPIE

Même si les hommes peuvent essayer cet exercice s'ils le désirent, il s'adresse avant tout aux femmes, car il permet l'ouverture et le relâchement de la zone génitale féminine.

Accroupissez-vous sur les talons, les genoux pliés et pointant vers les côtés. Placez les bras à l'intérieur des jambes et les talons bien au sol. Comme nous ne sommes pas toutes contorsionnistes, il serait peut-être bon de commencer avec un livre sous chaque talon. Cramponnez-vous à quelque chose si vous risquez de perdre l'équilibre. L'objectif est d'ouvrir et de relâcher la région des organes génitaux tout en maintenant une respiration rythmée.

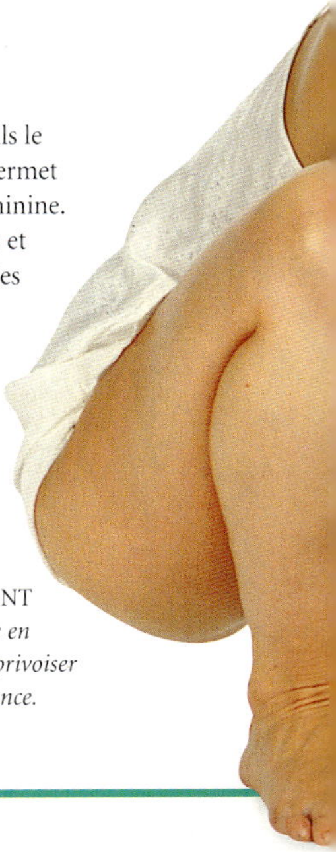

DÉTENDEZ-VOUS TOUT EN VOUS AMUSANT
Ne vous en faites pas si vous vous sentez ridicule en faisant ces exercices. Apprenez simplement à apprivoiser vos émotions. Bientôt, vous apprécierez l'expérience.

MISE EN GARDE

Les personnes souffrant de problèmes de genoux peuvent se passer de cet exercice, ou l'effectuer en s'accroupissant tout doucement et en reportant le poids du corps sur les mains pour réduire la pression exercée sur les genoux.

Pour hommes seulement

Il arrive que les hommes se sentent parfois trop tendus dans la région génitale, ce qui peut empêcher le pénis et les testicules de descendre. La traction des testicules est une façon de détendre les organes génitaux tout en réduisant l'excitation sexuelle. L'exercice peut être réalisé dans n'importe quelle position, pourvu qu'elle soit confortable.

Prenez un testicule dans chaque main et tirez-les doucement vers le bas. Maintenez la position le temps de compter jusqu'à trois, puis relâchez. Répétez l'exercice 20 fois, ou davantage en cas de tension extrême.

LA LIBÉRATION EXTATIQUE

J'AI PU CONSTATER QUE notre corps évolue selon des cycles alternant entre tension et détente. Il est impossible de connaître l'un sans l'autre : le stress et la tension doivent s'accumuler avant que l'on puisse sentir la détente. Je mets l'accent sur la tension, car j'ai dernièrement été très impressionnée par une méthode récente de thérapie suisse, connue sous le nom de méthode Grinberg. En faisant monter une forte tension, celle-ci permet au patient d'atteindre un genre de catharsis *(voir page ci-contre)*.

DE L'AGONIE À L'EXTASE
Apprenez à vous détendre par le biais de fortes tensions et vous découvrirez des sensations purement merveilleuses.

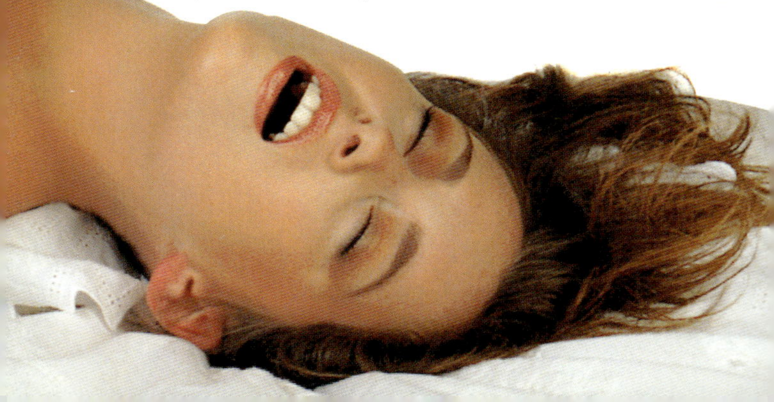

La montée de la tension

En employant la force déployée par le corps en entier, le patient pousse contre le thérapeute, en respirant exagérément de la façon qui lui convient le mieux. De cette expérience résulte une sensation quasi orgastique issue d'un mélange d'émotions profondes et de tensions corporelles. Plus subtilement, dans les exercices bioénergétiques proposés aux pages 22 à 27, je vous demande de faire subir volontairement à votre corps un stress analogue. Vous aussi, avez la capacité d'atteindre un état de tension physique qui, à la fin, se transformera en relâchement total.

Catharsis

Le résultat des exercices bioénergétiques devrait se traduire par la libération d'une décharge de tension si grande qu'on la qualifie de cathartique. Toute sensation de tension s'évanouit. Telle douleur profonde ressentie aux épaules se voit soulagée du poids de nombreuses angoisses. À la fin de tels exercices, vous aurez peut-être l'air de sortir d'une folle nuit de passion.

La véritable intimité

La montée et la décharge de tension ne sont pas nécessairement l'expression d'un processus sexuel. Il reste que cela constitue un processus très intime. Vous partirez à la découverte de vous-même comme peu ne le font qu'en compagnie de leur partenaire. À l'aide des exercices bioénergétiques, vous devriez atteindre un état physique d'une grande intensité qui vous conduira naturellement aux plaisirs des jeux amoureux.

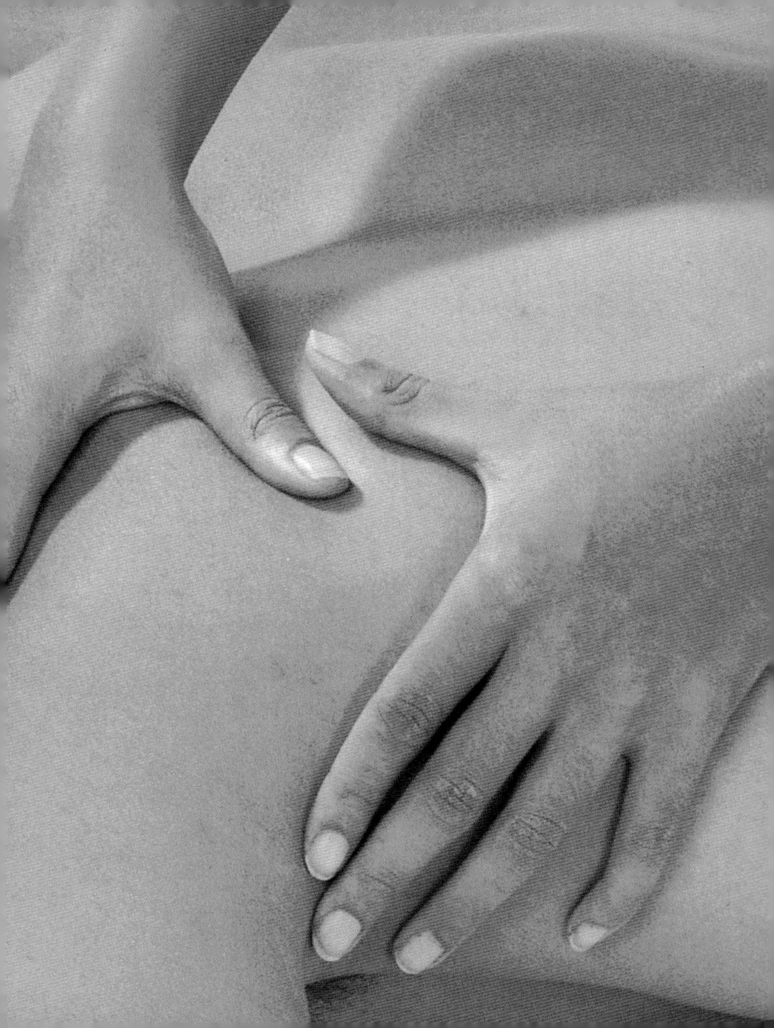

LE MASSAGE SENSUEL

L'un des éléments du processus de libération de l'énergie sexuelle est la préparation du corps à la succession d'épisodes de tension-détente qui ne manqueront pas de se produire pendant des rencontres sexuelles d'une durée prolongée. Le massage fait partie de cette préparation. Il existe une grande variété de techniques merveilleuses. Quelques-unes d'entre elles chargeront le corps d'électricité, tandis que d'autres vous soulageront du stress et des contraintes de la vie courante et vous serviront de prélude aux plaisirs à venir.

LA PUISSANCE DU TOUCHER

IL N'Y A RIEN COMME LA SENSATION des mains chaudes et caressantes sur un corps offert pour raviver l'esprit et faire naître l'espoir. Lorsque l'on caresse les bébés malades, on leur communique la force de guérir. Un patient dans le coma a plus de chances de se rétablir si on le palpe. Les caresses peuvent servir à raviver une relation tiède.

L'ÉNERGIE TACTILE

Certaines personnes pensent que la friction des mains sur le corps libère de l'énergie. Une chose est certaine, la friction libère de la chaleur. La sensation du toucher est en soi satisfaisante, mais si l'on y ajoute une dose de sensualité, l'excitation gagne en intensité. Imaginez le corps comme une pile que l'on charge de courant sexuel et les mains comme un ensemble conducteur de l'énergie.

UN MASSAGE MÉMORABLE
Des pressions délicieusement exécutées suscitent de belles sensations.

LES RÈGLES D'OR

Les bouts des doigts sont capables de prodiguer de réjouissantes sensations à toutes les parties du corps. Toutefois, pour tirer le maximum de plaisir de cette expérience, certaines règles doivent être observées en tout temps.

- *La pièce où l'on donne le massage doit toujours être chaude.*
- *Vos mains, tout comme l'huile de massage, doivent être suffisamment chaudes.*
- *L'intimité doit être assurée.*
- *Le massage doit être effectué sur le sol (sur une serviette) ou sur une table de massage – jamais sur un lit.*
- *La tête doit être supportée par un oreiller mince.*
- *Le parfum de l'huile de massage doit être agréable (n'utilisez pas d'huile pour bébé).*
- *Vos mains doivent être d'une absolue propreté. La saleté peut irriter la peau.*
- *Déposez quelques gouttes d'huile sur les mains avant de les appliquer sur la peau de votre partenaire – n'appliquez jamais l'huile directement sur le corps.*
- *Enduisez le corps d'huile par des mouvements rapides et fermes.*
- *Après avoir commencé le massage, ralentissez délibérément le mouvement sans jamais rompre le contact tactile avant la fin du massage.*

LE MASSAGE SENSATIONNEL

LE MASSAGE EST UN ACTE SENSUEL. Cependant, il y a des touchers plus sensuels que d'autres. Certaines parties du corps se réveillent en un rien de temps de même qu'une ambiance particulière a le pouvoir d'augmenter significativement le degré de sensualité. La plupart d'entre nous avons déjà vu l'effet de l'électricité statique sur des pièces de tissu satiné que l'on a frottées ensemble ou encore les bouts de papier que l'on peut ramasser avec la brosse à cheveux que l'on vient d'utiliser. La charge électrique accumulée sur la brosse agit comme un aimant.

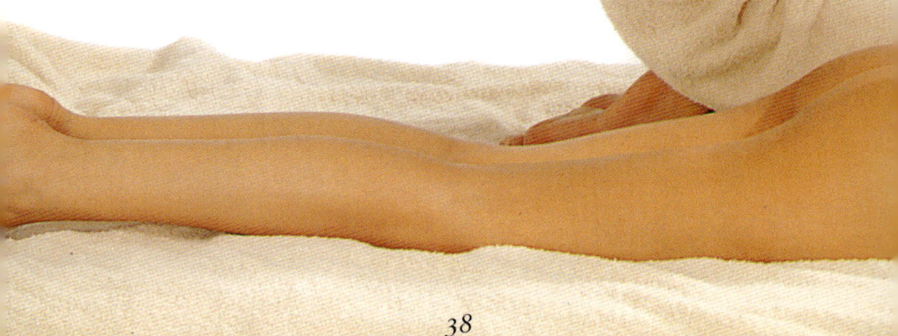

TOUT EST DANS LA MANIÈRE
En massant votre partenaire, soyez toujours à l'écoute de ses besoins.

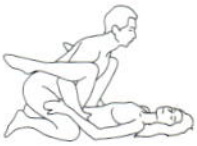

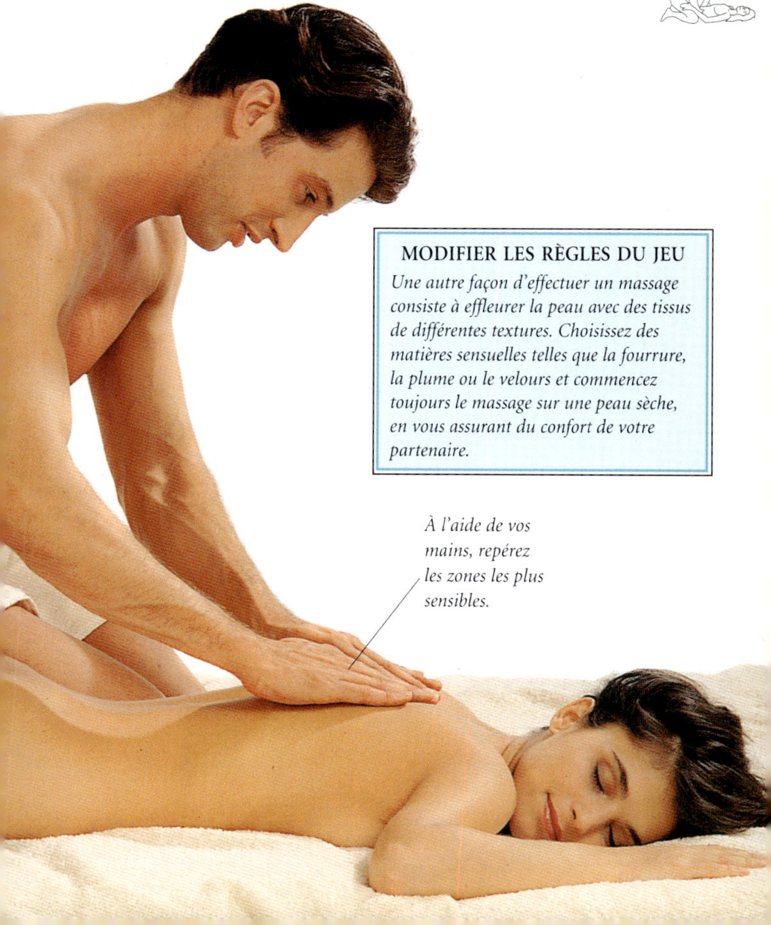

MODIFIER LES RÈGLES DU JEU

Une autre façon d'effectuer un massage consiste à effleurer la peau avec des tissus de différentes textures. Choisissez des matières sensuelles telles que la fourrure, la plume ou le velours et commencez toujours le massage sur une peau sèche, en vous assurant du confort de votre partenaire.

À l'aide de vos mains, repérez les zones les plus sensibles.

TEXTURES EXCITANTES

AU MILIEU DES ANNÉES 1970, pendant mes cours de techniques de massage dans un San Francisco à forte tendance alternative, nous avions recours à divers supports techniques. Je me rappelle être rentrée chez moi avec un gant de massage dont l'un des côtés était en velours rouge et l'autre en fourrure de lapin. J'ai aussi acheté un bikini rouge comestible que mon partenaire devait m'enlever par bouchées (en réalité, le goût n'avait rien d'agréable), un rouleau à massage pour les pieds et une bande formée de billes de bois destinée à masser le dos.

ACCESSOIRES DE MASSAGE

En cours d'apprentissage, nous avons également expérimenté différentes textures stimulantes telles que :

- *la soie*
- *le satin*
- *le velours*
- *le voile*
- *le PVC brillant*
- *et, pour ceux et celles qui en étaient dotés, la longue chevelure soyeuse.*

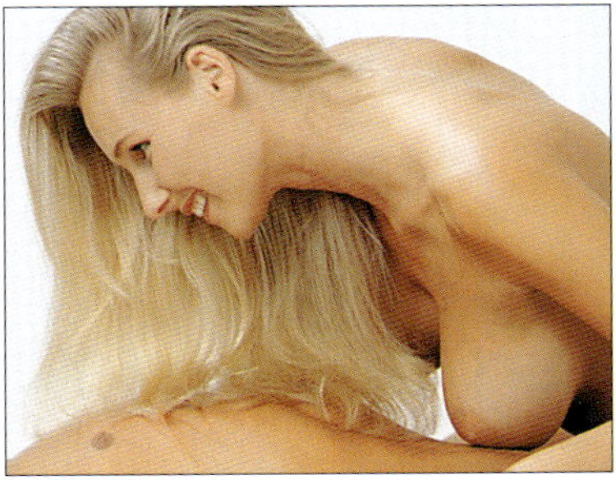

Une chevelure longue et douce devient un accessoire des plus délicieux.

DOUCEMENT OU VIGOUREUSEMENT ?

Les goûts varient d'une personne à l'autre. Demandez à votre partenaire d'exprimer ses préférences.

JOUER AVEC LES TEXTURES

Après quelques bonnes pressions efficaces, le corps est détendu et prêt pour d'autres sensations. Il est alors temps d'essayer différentes textures. Si vous utilisez des tissus, évitez l'huile à massage, car elle pénétrera la matière qui perdra alors toute son efficacité.

DIFFÉRENTES SENSATIONS

Chaque tissu procure une sensation différente. Ma préférence va à l'emploi graduel des matières depuis le tissu le moins souple, tel le PVC, à la plus érotique et la plus douce des fibres naturelles, celle d'une longue chevelure ondoyante. Utilisez ces accessoires pour caresser et attiser, mais faites-le surtout avec beaucoup de délicatesse. Si cette technique fonctionne bien – oh la la ! – vous saurez alors ce qu'est un bon massage !

CRÉER UNE AMBIANCE PROPICE

IL PEUT VOUS SEMBLER CURIEUX QUE L'ASPECT de la pièce où s'effectuera le massage ait un effet sur votre corps ; c'est pourtant le cas. En la matière, le vieux modèle des années 1970 a eu du succès – draperies à l'orientale, volutes de patchouli et de jasmin embaumant l'air, palmiers disposés çà et là et musique langoureuse et ininterrompue. L'ambiance modifie notre façon de percevoir les choses. Le cerveau enregistre l'information et nos sens s'en pénètrent. Cette perception à différents niveaux rend la satisfaction plus intense.

LE CONFORT AVANT TOUT

Un décor agréable, une musique sensuelle, une lumière tamisée et des parfums choisis aident à créer une ambiance propice, mais le confort ne doit jamais être négligé. Ajoutez la dernière touche à cette préparation en éparpillant d'épaisses serviettes colorées et moelleuses autour de l'endroit où s'effectuera le massage.

UN ENVIRONNEMENT AGRÉABLE
Bougies, encens et huiles aromatiques contribuent à créer une ambiance idéale.

POUR CRÉER L'AMBIANCE

- *Disposez des bougies parfumées un peu partout dans la pièce et n'utilisez aucune autre forme d'éclairage.*
- *Augmentez la température de la pièce pour avoir l'impression de vous trouver dans un bain turc.*

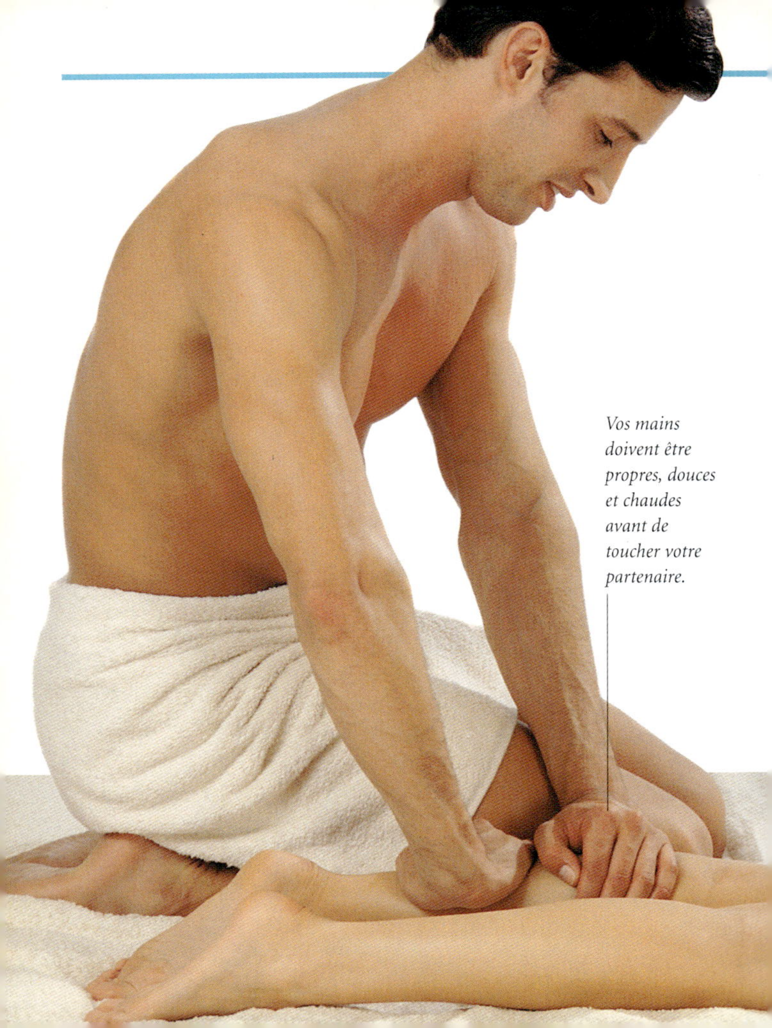

Vos mains doivent être propres, douces et chaudes avant de toucher votre partenaire.

LES ZONES SENSUELLES DU CORPS

PLUSIEURS PARTIES DU CORPS sont extrêmement sensibles et répondront bien à un bon massage sensuel. Ne vous attardez jamais exclusivement sur les zones érogènes. Demandez plutôt à votre partenaire d'exprimer ses préférences, que vous tenterez de satisfaire par des mouvements lents, délicieusement excitants. Les pressions exercées doivent être douces, continues et aussi légères que possibles.

ZONES À SENSIBILITÉ MAXIMALE

Voici les zones du corps habituellement les plus sensibles :

- *la tête et le cou*
- *les oreilles*
- *chaque côté du corps, des aisselles aux hanches*
- *l'intérieur des cuisses*
- *les doigts et les orteils*
- *et, naturellement, les organes génitaux*

LES POINTS SENSIBLES
Les points « chauds » diffèrent d'une personne à l'autre. Avant de commencer le massage, demandez à votre partenaire de vous indiquer où sont les siens.

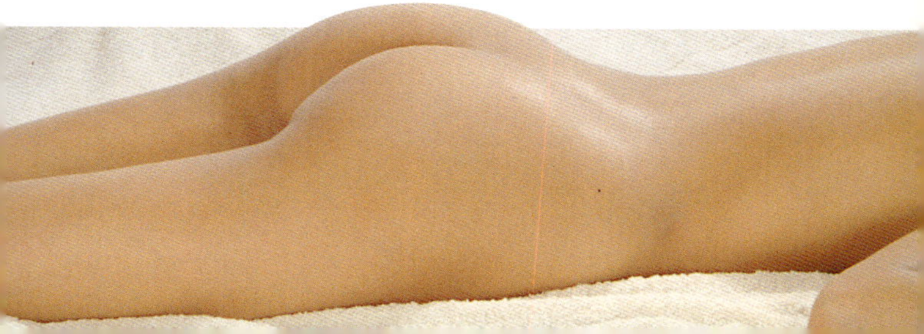

LA SENSATION DE CHALEUR

POUR QU'UN MASSAGE ÉNERGIQUE génère de la chaleur et procure du plaisir, commencez par vous concentrer sur l'objectif à atteindre. Essayez de percevoir, par le toucher, la montée de la charge électrique (autant la vôtre que celle de votre partenaire), puis concentrez-vous sur cette sensation tout au long du massage.

SAVOURER LES SENSATIONS

Fermez les yeux et prenez plaisir à parcourir de vos mains le corps de votre partenaire, à lui transmettre doucement des vagues de chaleur. En retour, votre partenaire doit concentrer son attention sur vos pressions et stimulations et percevoir comment son corps en aspire l'énergie.

En vous laissant aller au plaisir sensuel, imaginez l'apparition graduelle d'un halo d'énergie. Imprimez cette image dans votre esprit.

PERCEVOIR L'ÉNERGIE
Laissez courir le courant d'énergie de vos mains au corps de votre partenaire. Considérez cette énergie comme une source de chaleur ou de lumière.

VISUALISER VOTRE ÉNERGIE

L'énergie enveloppe tous les corps d'un halo vaporeux. Elle vibre à travers nous, touche chaque aspect de notre vie et influence notre bien-être physique et émotionnel. En prenant conscience de cette énergie, nous pouvons en tirer davantage de plaisir et de satisfaction au cours des relations sexuelles.

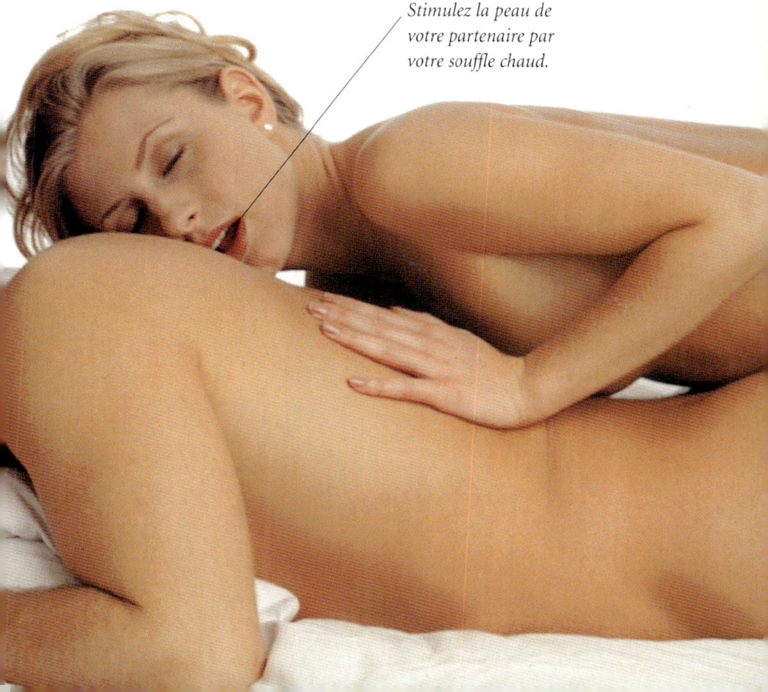

Stimulez la peau de votre partenaire par votre souffle chaud.

TOUCHES SENSUELLES

IL Y A PLUSIEURS FAÇONS de masser, chacune ayant son utilité : du soulagement des muscles tendus à la libération des contraintes de la vie courante. La plupart des techniques sont d'agréables préludes ou alternatives à l'amour.

ESSAI DE DIFFÉRENTES TECHNIQUES

Le mouvement circulaire est encore la technique la plus utilisée dans les massages sensuels. Soignez-en l'exécution ; la profondeur et la pression du toucher sont importantes. Essayez :

- avec le bout des doigts
- avec les ongles
- les grattements
- le balayage du corps avec les cheveux

ZONES SENSIBLES
La poitrine et les mamelons de l'homme sont souvent presque aussi sensibles que ceux de sa partenaire.

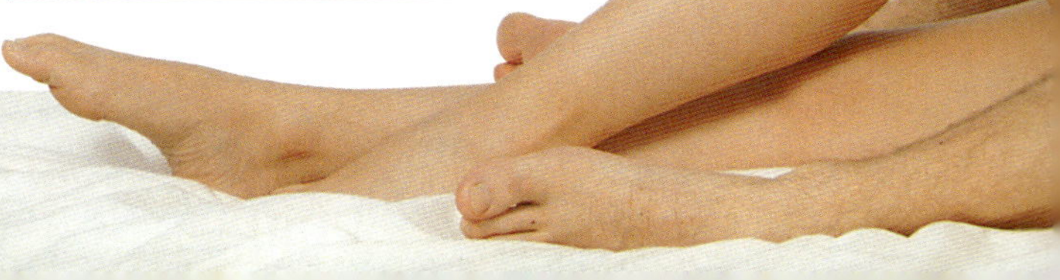

VARIATION SUR UN MÊME THÈME

La combinaison de différents mouvements circulaires et de grattements procure un excellent massage.

Variez la pression exercée par vos doigts, mais faites-le toujours délicatement.

Les mamelons représentent habituellement la partie la plus sensible.

LES DIFFÉRENTES PRESSIONS

Une pression forte est rassurante et synonyme de santé. Une pression moyenne est plaisante et sensuelle. Une pression légère devient érotique. Pour rendre efficaces les différents mouvements de massage sensuel, il faut savoir utiliser une force physique et un rythme appropriés. Les techniques qui suivent requièrent des degrés variés de pression, mais elles doivent toutes être effectuées lentement.

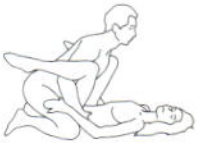

LES VARIATIONS DE PRESSION

Variez les degrés de pression. Une caresse avec vos cheveux suivie d'une forte pression de vos mains augmenteront la stimulation.

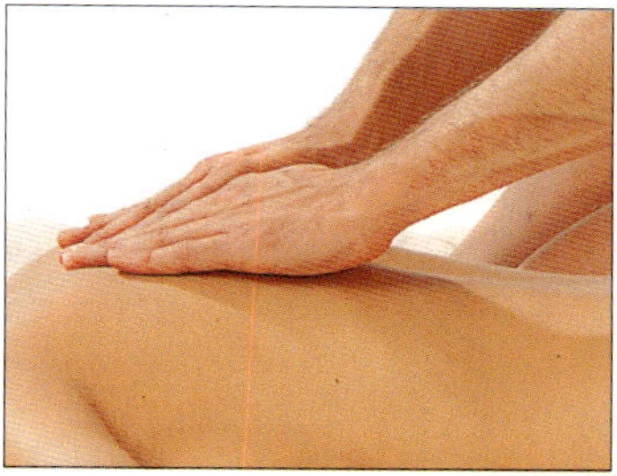

LES MAINS QUI RÉCONFORTENT

Des pressions variées avec des mains douces et chaudes donneront à votre partenaire une sensation de bien-être sensuel.

Avec votre chevelure, effleurez son corps de façon sensuelle.

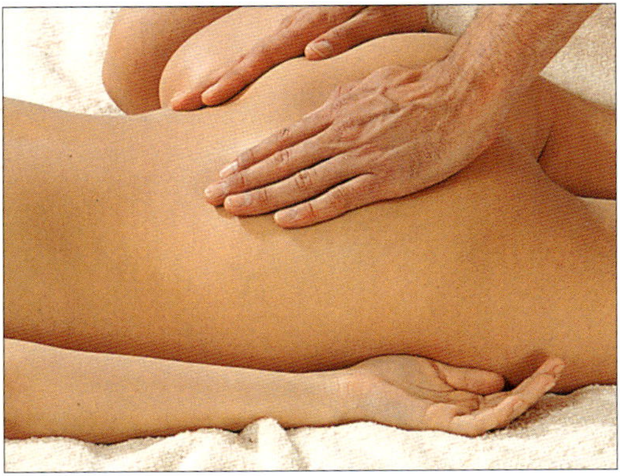

LE GLISSEMENT
Ce mouvement est impressionnant, car le poids de votre corps appuie sur la partenaire. Elle le ressentira comme une vague ondulante déferlant le long de son dos.

LE MOUVEMENT DE GLISSEMENT

C'est probablement le mouvement le plus remarquable dans tous les massages. À n'utiliser que sur le dos du partenaire. Placez les mains à plat sur la partie inférieure des fesses de votre partenaire, vos doigts pointant vers sa tête. La force appliquée par votre poids doit venir du plexus solaire. Glissez les mains le long de sa colonne vertébrale, en prenant tout votre temps. Arrivé au cou et aux épaules, revenez vers les fesses en faisant glisser doucement vos mains, et recommencez.

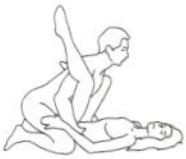

LES MOUVEMENTS CIRCULAIRES AVEC LES PAUMES

Les mouvements circulaires sont les mouvements de base du massage et peuvent être effectués avec des degrés de pression variés. En règle générale, on ne masse jamais les os. Placez les paumes de vos mains sur le corps de votre partenaire et massez fermement en effectuant des cercles qui s'éloignent de la colonne vertébrale.

LES MOUVEMENTS CIRCULAIRES AVEC LES PAUMES

Voici un mouvement fondamental dans l'art du massage qui doit s'effectuer plus fermement que les seules pressions avec le bout des doigts ou les ongles.

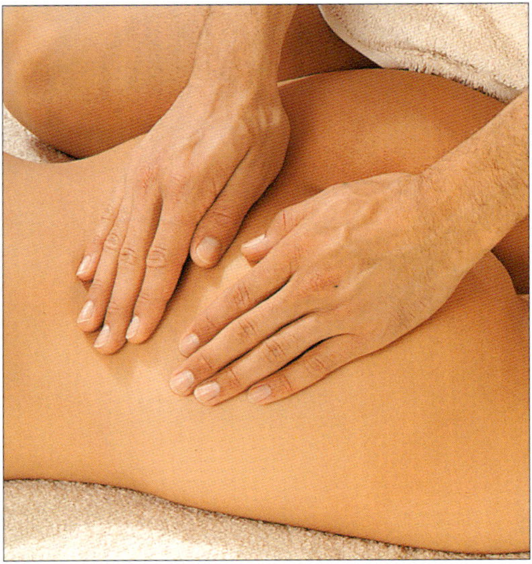

La nage à contre-courant

La technique de la « nage » est aussi appelée le « contre-courant », car elle utilise des mouvements de mains en sens contraire.

La nage

Les mains rapprochées et posées à plat bougent en cercles opposés, rappelant un mouvement de nage. Ces mouvements peuvent être effectués sur toutes les parties charnues du corps et des fesses.

LES POUCES

En partant du haut des fesses, appliquez avec les pouces des pressions courtes et rapides. Les mouvements des pouces se font en alternance et en remontant. Commencez par le côté droit du corps et montez jusqu'à l'épaule. Recommencez sur le côté gauche, en remontant jusqu'à l'épaule, pour terminer en revenant sur les fesses.

LES POUCES ÉNERGIQUES *Avec vos pouces, effectuez une pression douce et ferme. Il faut bien masser la chair, et non frotter uniquement la surface de la peau.*

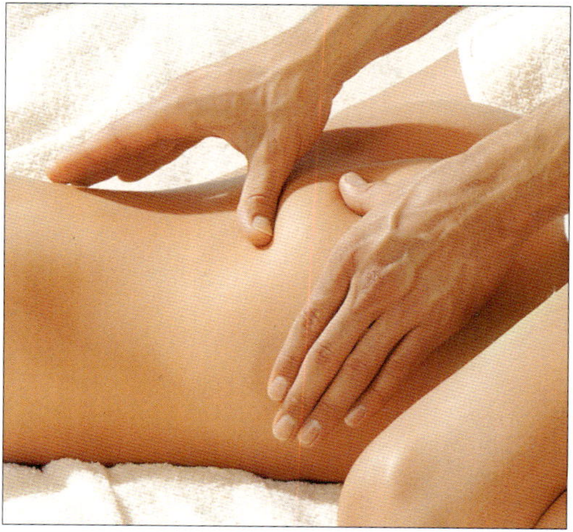

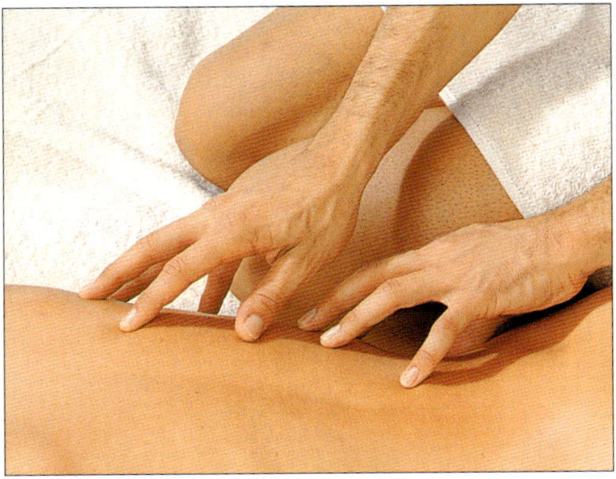

ATTENTION AUX ONGLES !
Si vos ongles sont longs, veillez à ce qu'ils ne participent pas au « labourage ». Vous ne voulez sûrement pas égratigner votre partenaire.

LE « LABOURAGE »

Seul le bout des doigts touche la peau. Faites glisser les doigts fermement en descendant d'un côté du corps et en alternant les mains. Répétez ensuite le mouvement de l'autre côté. Effectuez des mouvements longs et continus.

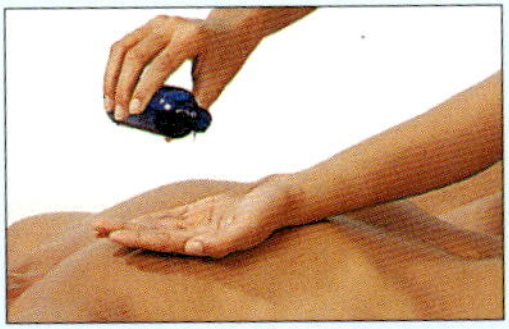

REFAIRE LE PLEIN

Pour ajouter de l'huile, gardez le dos d'une main en contact avec le corps de votre partenaire et versez un peu d'huile dans le creux de cette main.

LE BALAYAGE

Quand vous massez des régions plus étendues, tel le dos, effectuez des mouvements circulaires longs et sensuels. Essayez d'offrir à votre partenaire des sensations continues.

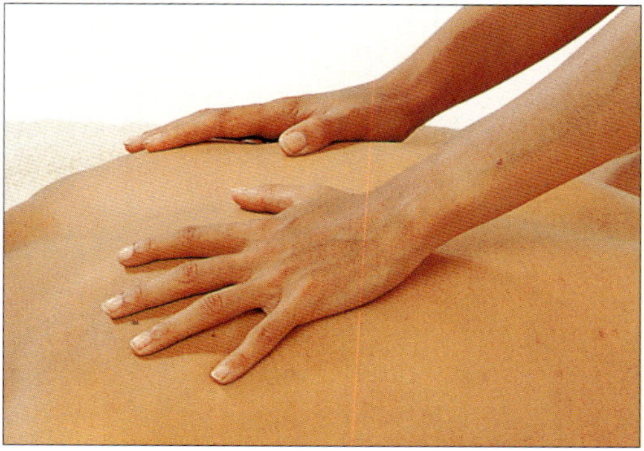

LE BALAYAGE
Vos mains doivent être fermes et les mouvements continus pour que cette technique soit efficace.

LES MOUVEMENTS COURTS

Les parties du corps plus petites et plus complexes, tels les bras, les mains et les pieds, doivent être massées avec des mouvements plus courts et plus fermes. Évitez de masser les endroits où les os sont près de la peau.

LA STIMULATION DU DOS

POUR QU'UN CORPS puisse dégager une énergie sensuelle, il doit se libérer des tensions quotidiennes. Cela semble paradoxal, puisque c'est par la tension que nous pouvons arriver à l'érection et à l'orgasme. De fait, la tension existe sous deux formes : la bonne et la mauvaise tension. Les premiers mouvements de massage du dos doivent donc être fermes afin de libérer la colonne vertébrale de sa tension profonde. Quand votre partenaire est détendu, son corps devient alors réceptif aux mouvements en surface, plus érotiques.

LA BONNE ET LA MAUVAISE TENSION
La tension que votre corps, et surtout votre colonne, supporte quotidiennement est considérée comme de la mauvaise tension.

LA DÉTENTE DE LA COLONNE
Par le massage, votre partenaire ressentira un effet libérateur ; le poids du stress est expulsé par le centre vers les côtés de son corps.

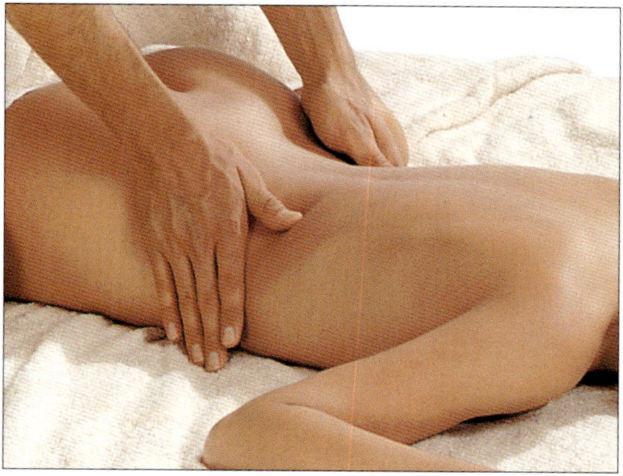

LE POIDS

Assis à côté de votre partenaire, placez les mains de part et d'autre de sa colonne vertébrale, juste sous la taille. Appuyez fermement sur vos mains, en appliquant une pression égale et en laissant le poids de votre corps entraîner vos mains vers les côtés et descendre vers les hanches, aussi lentement que possible. En recommençant, posez les mains un rien plus bas sur son dos et répétez le même mouvement plusieurs fois, un peu plus bas chaque fois, jusqu'à ce que vous soyez arrivé juste au-dessus du coccyx.

Le glissement (*bis*)

Répétez la technique du glissement (décrite à la page 52) après avoir effectué le mouvement précédent. Le balayage est un autre mouvement efficace de pression profonde, qui chasse le stress de la colonne vertébrale par le haut du corps.

Le massage vertébral

Appuyez les pouces dans les creux de chaque côté de la colonne vertébrale, en commençant par le cou, et descendez lentement jusqu'à la base de la colonne. Répétez en variant le degré de pression.

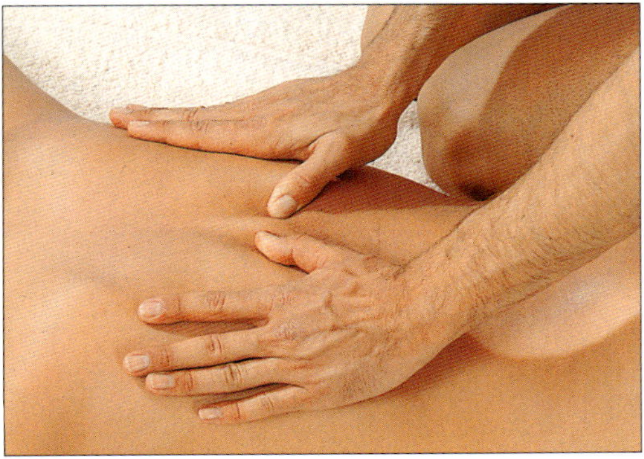

PRESSION APPROPRIÉE
Veillez à ne pas appuyer sur la colonne, car la pression sur les vertèbres peut être très douloureuse.

LES MAINS DOUCES

Quand vous faites glisser vos pouces le long de la colonne vertébrale de votre partenaire, prenez garde à ne pas toucher son dos avec le reste de vos mains.

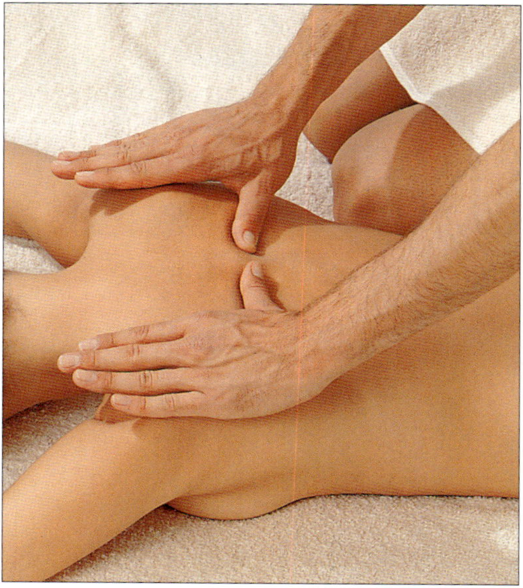

LE GLISSEMENT DES POUCES

C'est une version inversée du massage vertébral. Appuyez fermement les pouces de chaque côté de la colonne en partant de la base et faites-les glisser en remontant vers la nuque. Répétez en variant le degré de pression.

LE BALANCEMENT

Agenouillé à la droite de votre partenaire, étendez le bras gauche et placez votre main sous le côté gauche de son corps. Tirez pour le soulever légèrement et relâchez. Placez la main droite sous son côté droit et répétez le mouvement. Tirez de façon régulière pour imprimer au corps un balancement. Agenouillez-vous ensuite de l'autre côté de son corps et recommencez les mouvements.

MISE EN GARDE
Le balancement peut être un mouvement difficile à effectuer sur une personne lourde. Si c'est le cas, ne tentez pas cette manœuvre, car vous pourriez vous blesser le dos.

LES MAINS FERMES
Manipulez votre partenaire avec soin et fermeté quand vous accomplissez le balancement, afin qu'elle se sente en sécurité.

LE SOULÈVEMENT DES HANCHES

Faites glisser les mains sur le corps de votre partenaire, des épaules aux fesses, et placez-les ensuite sous ses hanches. Attirez-les vers le haut pour la soulever légèrement. Recommencez.

LA RÉPÉTITION DE MOUVEMENTS

Quand les mouvements visant à éliminer les tensions ont été effectués, les techniques de base peuvent être utilisées à loisir pour taquiner la peau et rehausser le niveau d'énergie. Sentez-vous libre d'improviser et soyez à l'écoute des préférences exprimées par votre partenaire. Souvenez-vous que plus le massage est lent, plus il a de l'effet.

MANIPULER AVEC SOIN

Tenez fermement votre partenaire, et soulevez-la avec soin et lenteur, en veillant à ce que vos mains ne glissent pas. Pincer la peau ne fait pas partie d'un massage réconfortant.

Soulevez doucement l'autre pour éviter de vous blesser le dos.

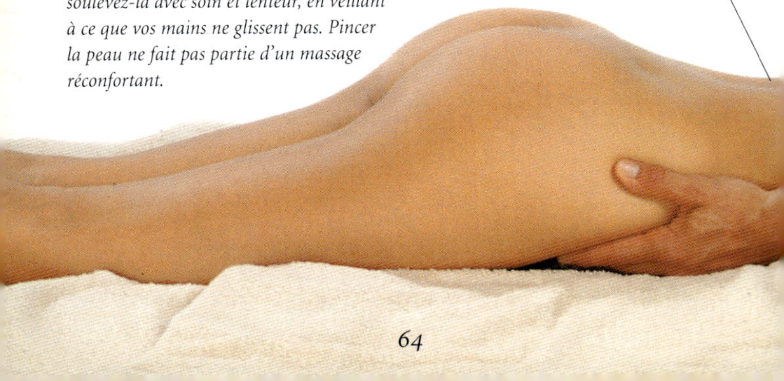

FINIR LE MASSAGE DU DOS EN BEAUTÉ

APRÈS 20 MINUTES DE MASSAGE DU DOS, votre partenaire devrait se sentir tout à fait revigorée. Il est donc indiqué de terminer par une touche ferme qui atténuera quelque peu l'énergie engendrée par le massage.

LA TOUCHE FINALE

Le but de cette technique est de permettre à votre partenaire de « reprendre ses esprits » en douceur et de se préparer à la fin du massage. Bien qu'il soit nécessaire d'apaiser un peu de l'énergie générée par le massage, veillez à ne pas éliminer tous les bienfaits qui résultent de ces 20 minutes.

1 Agenouillé à côté de votre partenaire, posez le dessus de vos avant-bras rapprochés en travers du centre de son corps. Très lentement, écartez vos bras en les retournant légèrement vers l'intérieur.

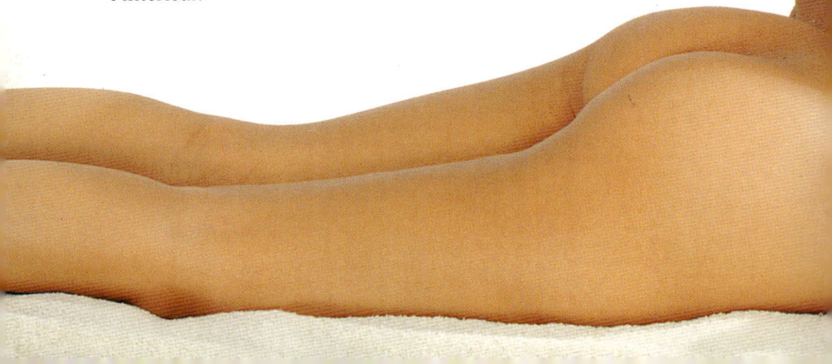

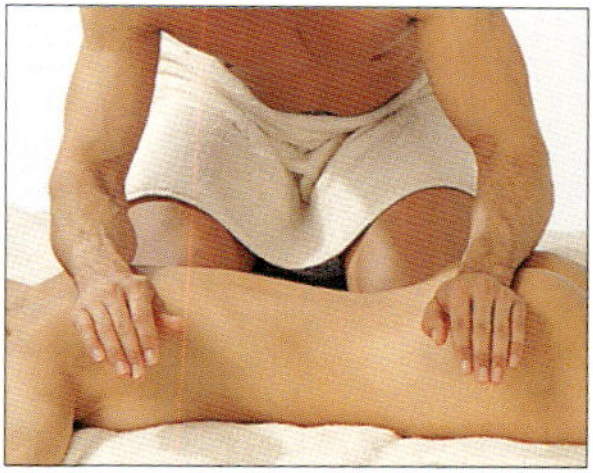

2 Quand vos bras atteignent les fesses et le cou, c'est la partie intérieure qui doit être en contact avec les épaules et les fesses. Relevez les bras et répétez le mouvement.

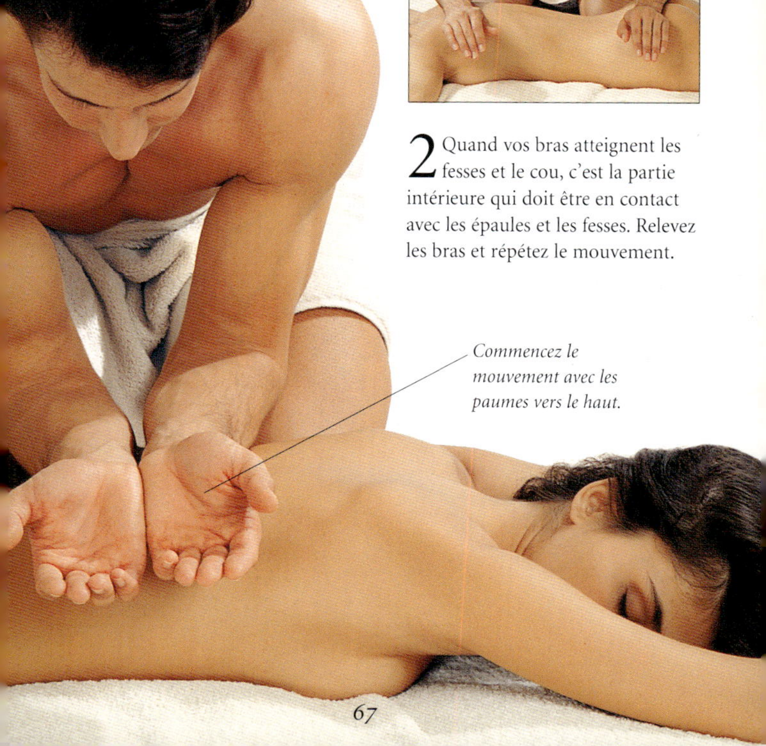

Commencez le mouvement avec les paumes vers le haut.

LE MASSAGE FRONTAL

LES NÉOPHYTES DU MASSAGE, autant les hommes que les femmes, sont parfois hésitants à traiter les parties génitales. L'anxiété les envahit. Heureusement, la nécessité d'effectuer un massage avec lenteur leur donne le temps nécessaire pour s'habituer à l'idée.

LE GLISSEMENT

Dans le massage du dos, les mouvements de base sont circulaires. Dans le massage du devant du corps, le glissement constitue la meilleure approche.

Agenouillé près de la tête de votre partenaire, placez vos mains sur sa poitrine, les paumes vers le bas et leur partie renflée près des aisselles. Penchez-vous vers l'avant et faites glisser lentement vos mains le long de son corps, jusqu'à la limite de votre équilibre. Répétez le mouvement deux ou trois fois. Si la personne massée est une femme, diminuez la pression quand vos doigts glissent sur ses seins.

RESPECTEZ LE SENTIMENT DE VULNÉRABILITÉ
Il est essentiel que votre partenaire se sente à l'aise quand il est étendu sur le dos.

EN DOUCEUR

À vrai dire, un massage devrait toujours être doux. Les seins ne devraient être touchés que si le partenaire l'accepte. Pour le moment, les organes génitaux devraient être exclus des contacts.

Transférez votre poids sur vos jambes à mesure que vous vous penchez.

MASSAGE DE LA TÊTE

QUAND LA TENSION S'ACCUMULE dans le corps humain, elle a fréquemment tendance à se concentrer dans les épaules, le cou et la partie postérieure de la tête. Les personnes souffrant de stress mentionnent fréquemment ces symptômes, mais il est possible d'y remédier. Un bon massage tout en longueur de la tête et des épaules peut éliminer la tension et amener la personne à se détendre.

SOULEVER LA TÊTE ET LES ÉPAULES

Faites glisser vos mains sous les épaules de votre partenaire et soulevez-lui les épaules en tirant vers le haut et vers vous. Vous pouvez varier ce mouvement en plaçant les mains sous sa tête, les doigts pointant vers le cou, et en effectuant le même mouvement.

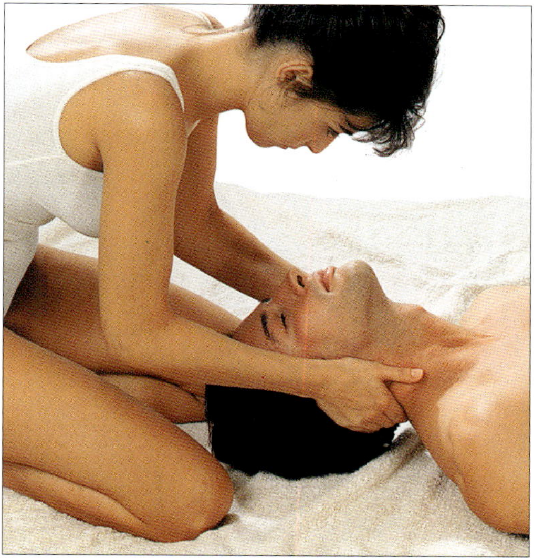

DIMINUER LA PRESSION
En soutenant toujours la tête d'une main, attirez l'autre vers vous en partant de la nuque jusqu'au sommet de la tête.

LES CARESSES DE LA TÊTE

La tête entière est une partie du corps extrêmement sensible. Le cuir chevelu renferme d'innombrables terminaisons nerveuses qui le rendent très réceptif aux caresses et massages doux. Les caresses sur la tête ont parfois un effet merveilleusement calmant.

LE MASSAGE DES SEINS

QUAND VOUS MASSEZ VOTRE PARTENAIRE FÉMININE, ne craignez pas d'inclure les seins dans les mouvements. Si vous les ignorez, elle aura l'impression que le massage n'est pas complet. Le type de massage des seins qui suit est simple, mais très sensuel. Il s'agit d'une technique en quatre étapes élaborée par Ray Stubbs, masseur californien très reconnu.

AVEC TENDRESSE

Les seins de votre partenaire sont très sensibles. Il faut toujours les manipuler avec délicatesse.

PLAISIR SAIN

En plus de donner du plaisir à votre partenaire, un bon massage des seins stimule leurs terminaisons nerveuses et améliore la circulation sanguine.

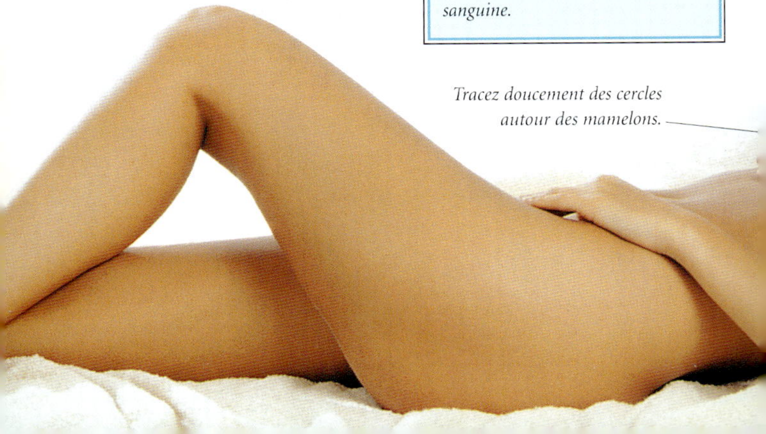

Tracez doucement des cercles autour des mamelons.

La technique de Ray Stubbs

1 Faites glisser lentement le plat de la main gauche en diagonale, en partant du sein gauche vers l'épaule droite. Faites glisser ensuite la main droite, du sein droit vers l'épaule gauche. Répétez ces deux mouvements alternativement six ou sept fois.

2 Le bout du doigt bien huilé, tracez le plus légèrement possible une spirale sur un sein, en partant de l'extérieur pour atteindre petit à petit le mamelon. Répétez le mouvement sur l'autre sein.

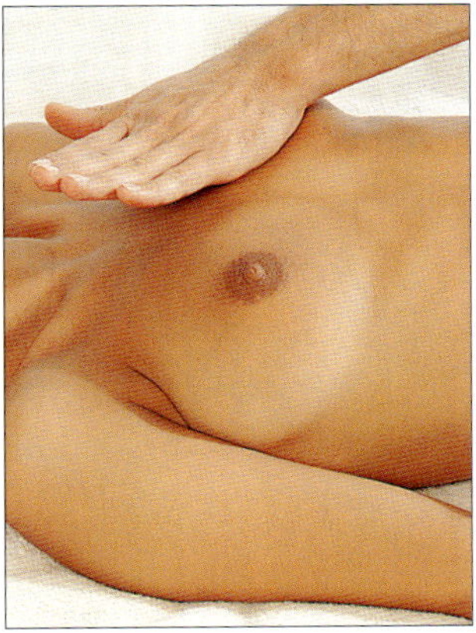

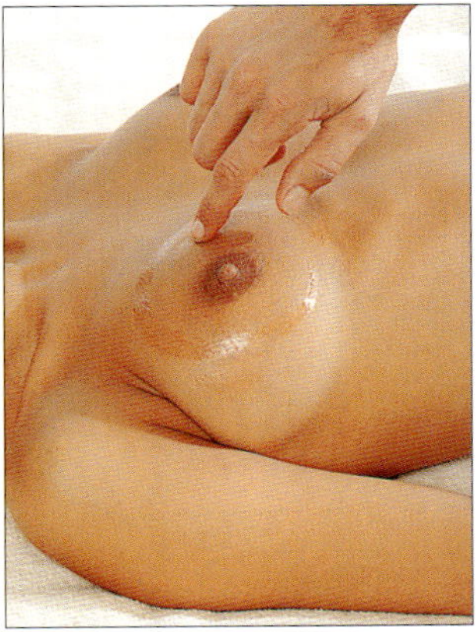

3 Pincez légèrement la peau de chaque côté du mamelon et tirez très doucement vers l'extérieur, sur le même axe, comme pour étirer les rayons d'une roue. Répétez ce mouvement sur tous les « rayons » de chaque mamelon.

4 Entre l'index et le pouce bien huilés, pincez doucement le mamelon de votre partenaire en laissant glisser les doigts. Pour obtenir plus d'effet, vous pouvez utiliser les mains en alternance afin que le mouvement et la sensation soient ininterrompus. Répétez ces gestes sur l'autre mamelon.

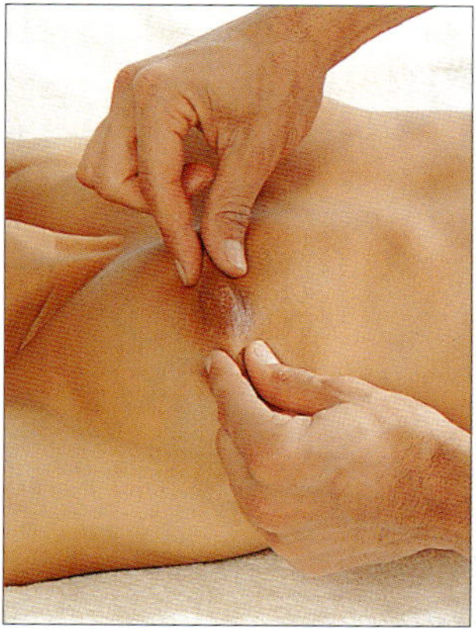

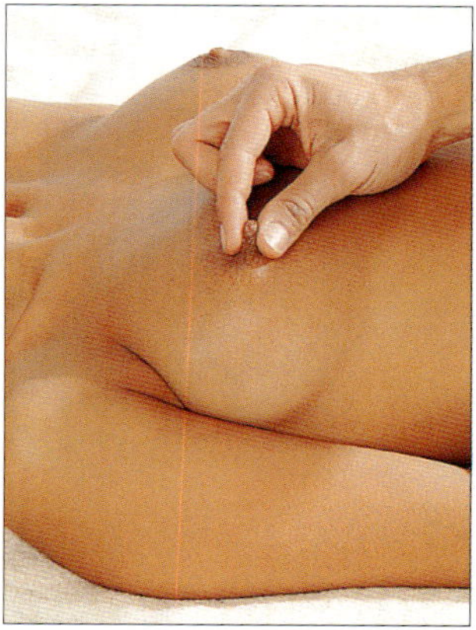

Les mains en coupole (*cupping*)

Quand vous effectuez ce mouvement, souvenez-vous que les seins sont des glandes et non des muscles. Il faut éviter de les presser fortement.

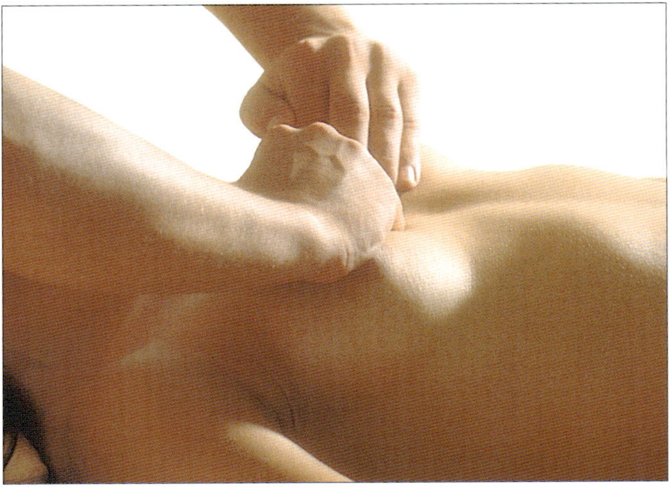

1 En partant du sternum, tracez des cercles avec le bout des doigts sur la poitrine, mais sans toucher les seins mêmes.

2 Mettez les deux mains en coupole sous les seins. Avec les paumes et le bout des doigts, effleurez-les en remontant à quelques reprises dans un mouvement léger.

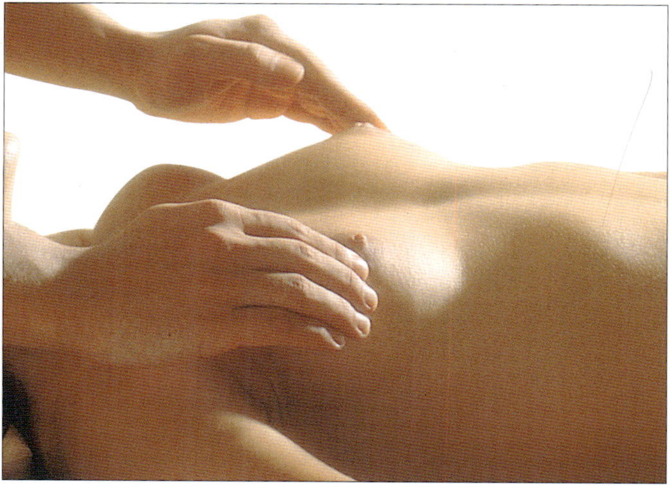

3 Pour terminer, augmentez l'excitation de votre partenaire en effleurant légèrement du bout de vos doigts le bout de ses mamelons.

LE MASSAGE DU VENTRE

CETTE FORME DE MASSAGE est très réconfortante et peut favoriser la digestion. Si cette région du corps de votre partenaire est très sensible, effectuez les mouvements lentement, mais fermement. Ne prenez pas votre partenaire par surprise.

TOUT EST DANS LA FINESSE

Avec les doigts d'une main, massez le ventre en effectuant de petits cercles, dans le sens des aiguilles d'une montre (le sens dans lequel le côlon travaille). Utilisez la paume de votre main pour masser en cercles plus grands la zone externe du ventre.

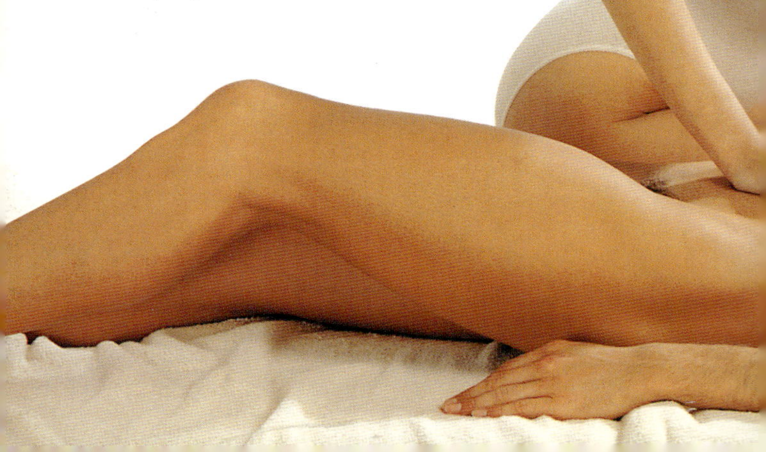

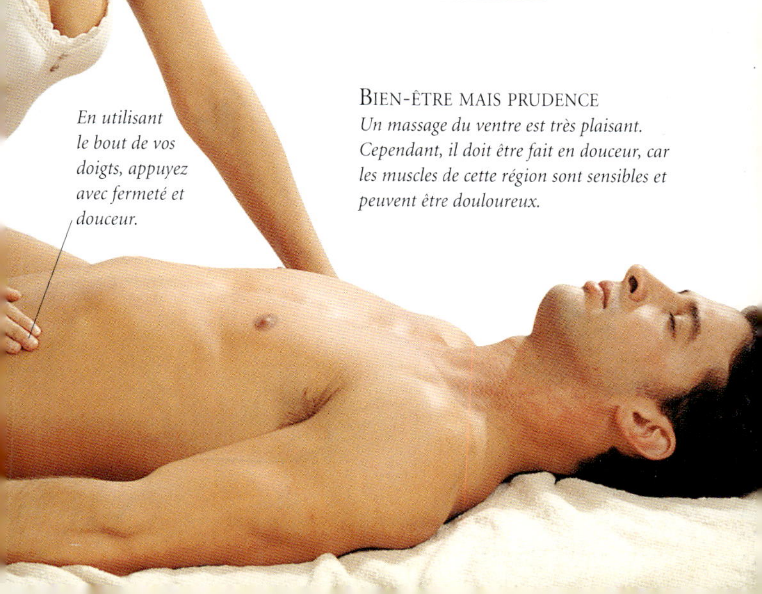

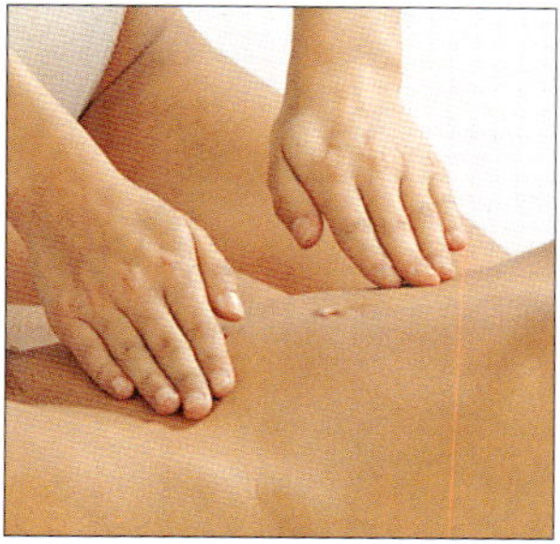

À DEUX MAINS
Variez les mouvements circulaires en changeant de mains, et en effectuant à l'aide des deux mains des demi-cercles allant dans le même sens.

BIEN-ÊTRE MAIS PRUDENCE
Un massage du ventre est très plaisant. Cependant, il doit être fait en douceur, car les muscles de cette région sont sensibles et peuvent être douloureux.

En utilisant le bout de vos doigts, appuyez avec fermeté et douceur.

LE PÉTRISSAGE

Cette technique s'applique au devant du corps, les deux mains travaillant les parties charnues de la taille et des hanches.

Utilisez les deux mains à la fois ou en alternance. Quand vous avez massé toutes les parties charnues de cette façon, variez le mouvement en effectuant des cercles avec le bout des doigts. Ne pétrissez pas les parties osseuses, car cela pourrait causer de la douleur.

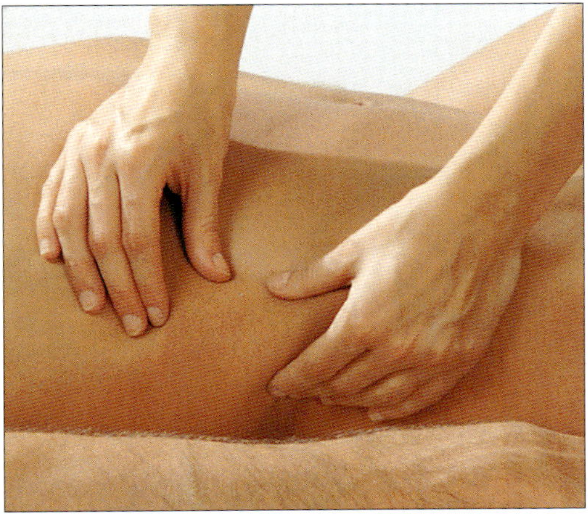

SANS INTERRUPTION *Gardez les pouces et les doigts rapprochés pour donner à votre partenaire une sensation de roulements complets et variés.*

LE DOS DE LA MAIN

Continuez les mouvements de rotation dans le sens des aiguilles d'une montre, mais en retournant la main pour une partie du mouvement et en massant avec le dos de la main.

Courbez les doigts et la main pour suivre le relief du corps de votre partenaire, en prenant soin de ne pas appuyer trop fortement. Variez les pressions autant que possible. Si vos ongles sont longs, prenez garde de ne pas égratigner la peau.

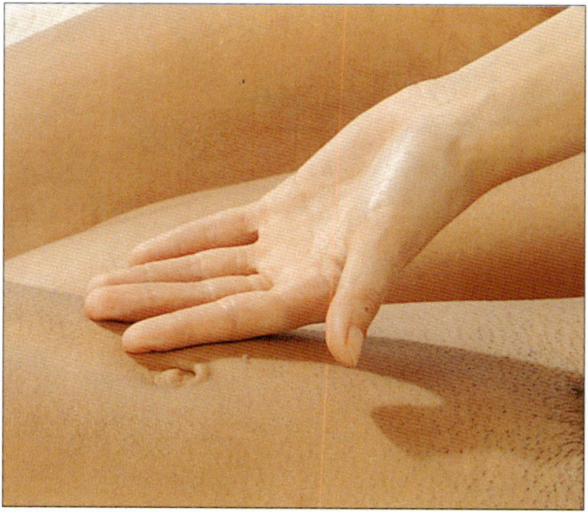

LA PRESSION DES JOINTURES *Lorsque vous massez le torse avec le dos de la main, variez la pression exercée par vos jointures pour donner au massage des effets variés.*

LE GLISSEMENT ABDOMINAL

Ce mouvement est extrêmement relaxant, tout en étant vivifiant et énergisant. Asseyez-vous à califourchon sur les cuisses de votre partenaire en vous assurant qu'il soit à son aise.

Faites glisser les mains avec douceur et fermeté sur le ventre, de l'aine aux côtes. Placez les deux paumes sur le bas-ventre, les doigts pointant vers la tête. Glissez les mains (sans y appliquer votre poids, car la pression serait trop lourde à supporter) lentement sur le ventre, jusqu'aux premières côtes, et redescendez par les côtés du corps. Répétez le mouvement aussi souvent que vous le souhaitez.

LE CONFORT AVANT TOUT

Avant que vous commenciez le massage, votre partenaire doit se sentir à l'aise par rapport à votre propre position.

Exercez une pression ferme avec le bout des doigts avant de commencer à les faire glisser sur le ventre de votre partenaire.

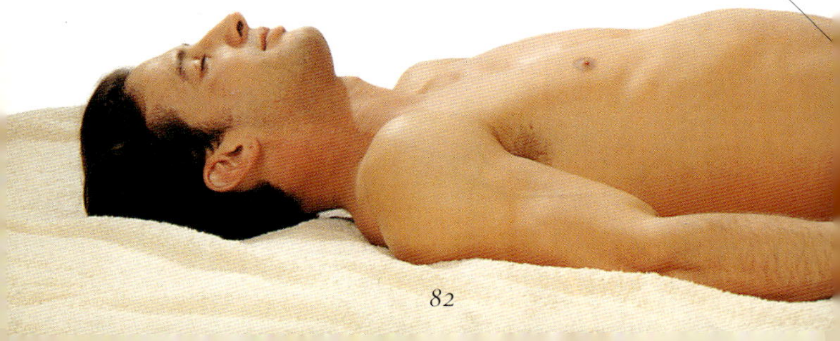

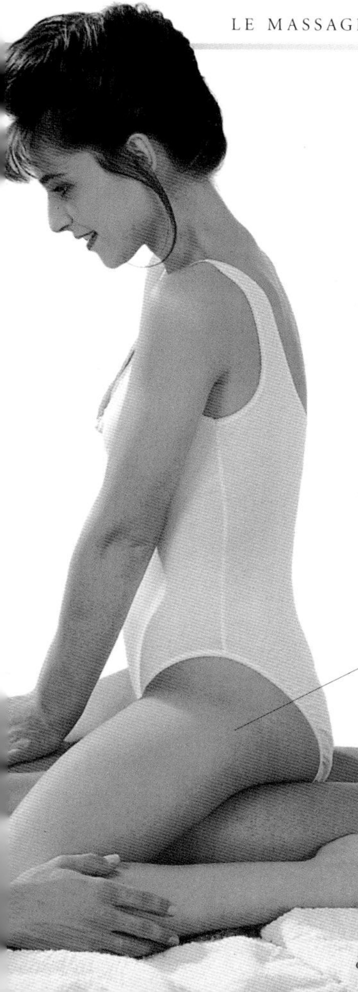

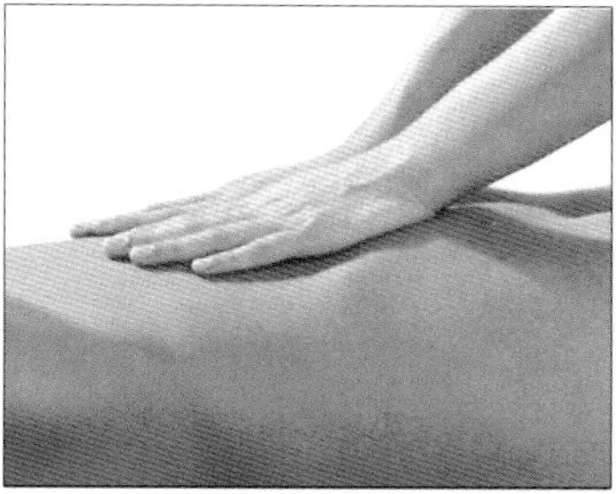

LES MAINS QUI SOIGNENT

Le massage du ventre peut donner à votre partenaire un sentiment de bien-être et contribuer à sa bonne santé, puisqu'il stimule le processus de la digestion.

Adoptez une position stable et conservez-la pendant toute la durée du massage.

LE PIVOTEMENT ABDOMINAL

C'est une variante de la technique du glissement abdominal (*voir à la page 82*). Placez les mains à plat sur le ventre de votre partenaire, à hauteur de la taille, les doigts pointant vers le centre. Faites glisser les mains en les faisant pivoter vers l'extérieur de manière que le bout des doigts effleure les premières côtes.

- ◆ Comme pour les autres techniques, enlevez vos bagues avant tout massage.
- ◆ Veillez à ne pas égratigner de vos ongles le thorax de votre partenaire.
- ◆ Conservez une pression ferme et légère à la fois.

SAVOIR S'Y PRENDRE

Il est très important que toutes les tensions soient éliminées pendant le massage, car celles-ci peuvent faire obstacle au flux d'énergie vitale et sexuelle qu'il faut libérer pour pouvoir jouir pleinement de l'acte sexuel.

- ◆ *Plus votre toucher sera léger, plus les tensions émotionnelles et physiques de votre partenaire seront évacuées.*
- ◆ *N'hésitez pas à recommencer les mouvements que votre partenaire apprécie. Ayez recours à plus de mouvements de surface que de mouvements en profondeur, car ceux-ci engendrent plus d'énergie.*

LE TOUCHER CONSTANT

La règle fondamentale du massage intégral veut qu'une main demeure toujours en contact avec le corps de la personne massée. Il est primordial de maintenir un contact constant entre vos mains et le corps de votre partenaire pour parvenir au niveau d'énergie nécessaire à un massage réussi.

LE MASSAGE DES JAMBES

LA FIN DE LA PÉRIODE DE MASSAGE est aussi importante que le début, et la façon dont vous terminez une chose en dit long sur votre personnalité. Si vous êtes du genre impatient, vous aurez peut-être tendance à escamoter les étapes pour en finir au plus vite. En contrepartie, si vous êtes une personne attentionnée, vous aurez probablement soin de terminer le massage aussi langoureusement que vous l'avez commencé. C'est cette façon de faire qu'il faut adopter pendant la dernière étape d'un massage intégral : le massage des jambes.

LENTEMENT MAIS SÛREMENT
Le massage des jambes est tout aussi important que celui des autres parties du corps.

Une douce pression exercée à l'aide de vos cuisses augmentera les bienfaits du massage.

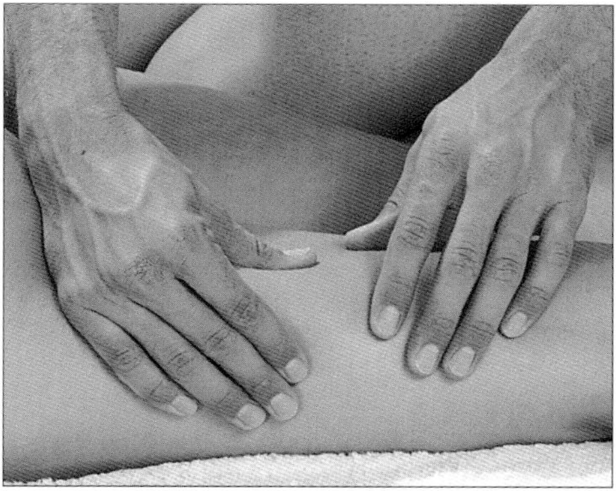

LE PÉTRISSAGE

Pétrissez à deux mains les parties charnues des cuisses et des mollets, sans toucher au creux des genoux.

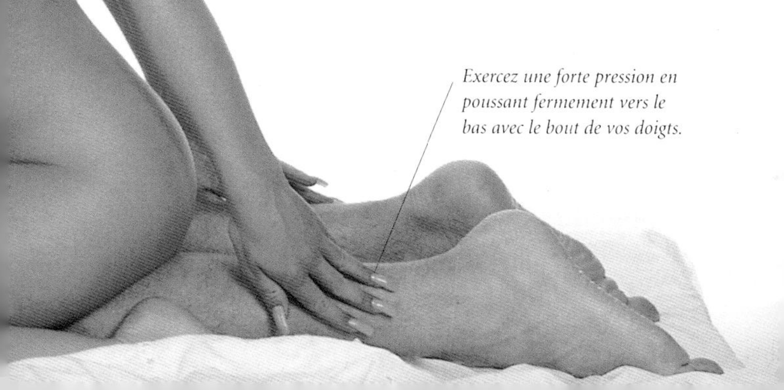

Exercez une forte pression en poussant fermement vers le bas avec le bout de vos doigts.

LE CONTACT DES CORPS

QUAND VOUS AVEZ TERMINÉ de masser le dos, la tête, les épaules, le devant et les jambes de votre partenaire, il est temps de passer de la relaxation à l'excitation.

LES CARESSES DU CORPS

Inclinez-vous vers votre partenaire et faites glisser langoureusement votre corps de chaque côté du sien. Caressez son dos avec votre poitrine, et pressez votre sexe contre ses fesses.

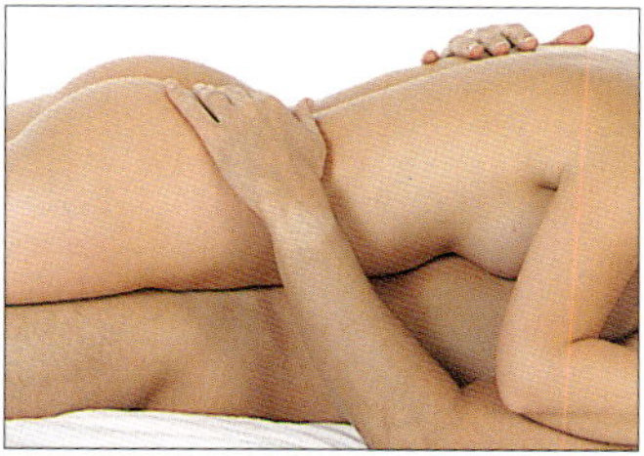

LE FACE-À-FACE

Le contact frontal complet apporte une tout autre dimension. Les parties génitales se touchent, les yeux se rencontrent, l'expérience entre dans une phase séduisante.

Pressez votre poitrine contre son dos.

Effleurez son corps avec vos cheveux.

LE RAPPROCHEMENT

Le fait de presser les deux corps l'un contre l'autre donne une sensation d'intimité très grande.

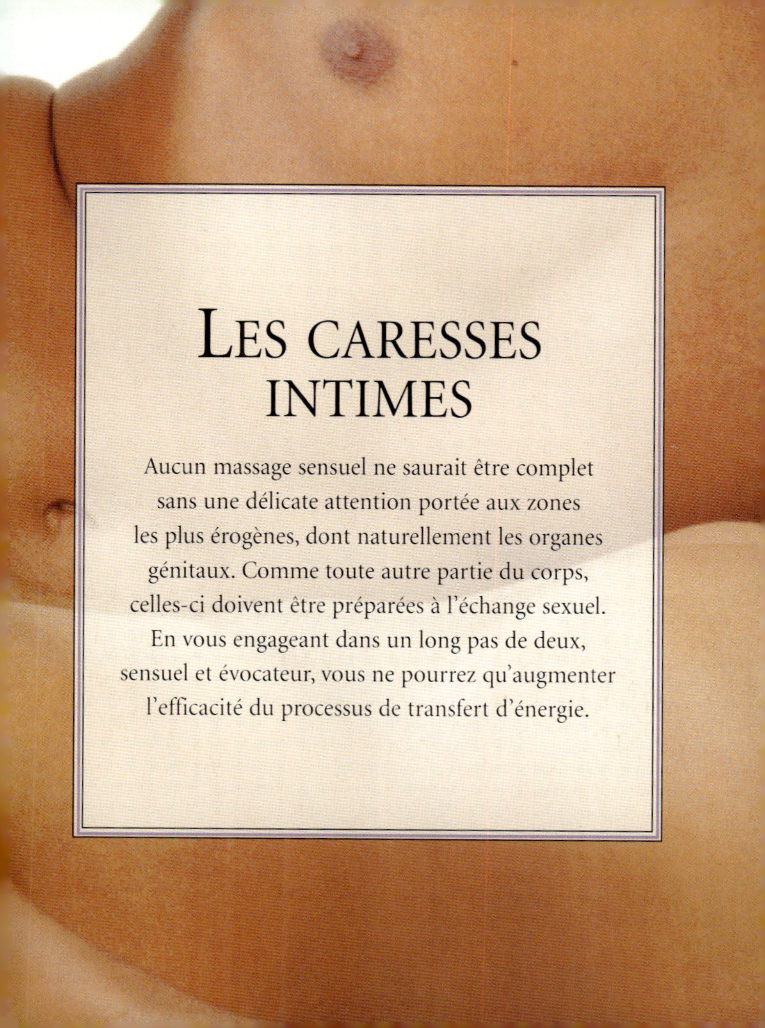

LES CARESSES INTIMES

Aucun massage sensuel ne saurait être complet sans une délicate attention portée aux zones les plus érogènes, dont naturellement les organes génitaux. Comme toute autre partie du corps, celles-ci doivent être préparées à l'échange sexuel. En vous engageant dans un long pas de deux, sensuel et évocateur, vous ne pourrez qu'augmenter l'efficacité du processus de transfert d'énergie.

LE CONTACT ÉROTIQUE
Des caresses érotiques procureront aux femmes des plaisirs extrêmes pouvant aller jusqu'à l'orgasme.

UNE DÉFINITION DE L'ÉROTISME

Un contact érotique, c'est lorsqu'un homme caresse lascivement l'index de sa partenaire en imprimant son désir brûlant au moindre de ses pores. Un contact érotique, c'est lorsqu'elle s'accroche aux lèvres de son partenaire jusqu'à ce qu'il se laisse emporter par le feu de la passion. C'est le résultat de paroles douces jumelées au grand jeu de la séduction, le point culminant qui succède aux caresses allumeuses. L'érotisme se joue dans la pensée et les non-dits, comme si les neurones étaient directement connectés aux récepteurs sensoriels du ou de la partenaire.

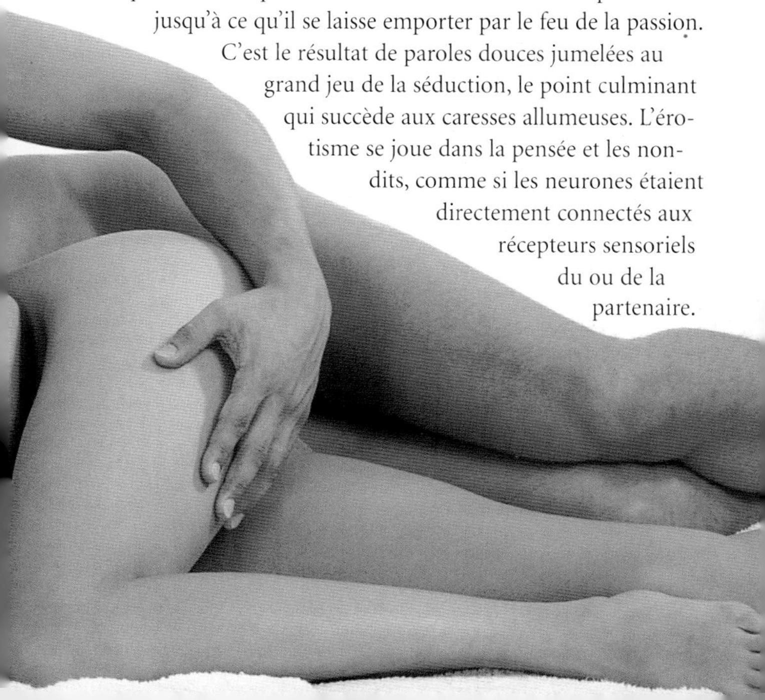

LE PLAISIR DE VOTRE COMPAGNE

CE MASSAGE, ET CELUI DE L'HOMME (*voir à la page 96*), s'inspire des techniques enseignées par Ray Stubbs et de celles de certains finissants de l'*Institute for the Advanced Study of Human Sexuality* de San Francisco. Fait intéressant, alors qu'on avait donné un nom aux mouvements consacrés aux hommes, aucun n'avait été attribué aux caresses destinées aux femmes. Pour réparer cette omission, je les ai moi-même baptisés !

DEMANDEZ-LE-LUI
Lorsque vous masturbez votre partenaire féminine, demandez-lui quelles caresses elle préfère.

Commencez par caresser la face interne de ses cuisses.

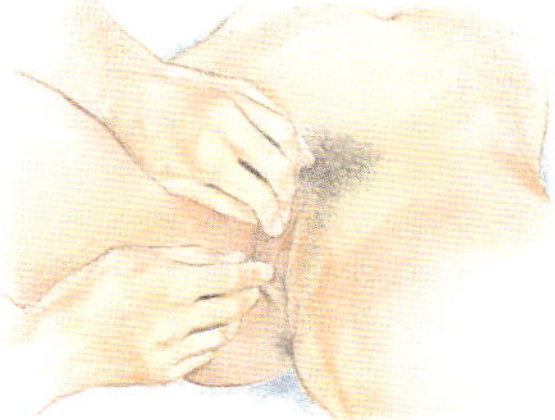

CARESSES APPUYÉES

Commencez par l'une des grandes lèvres. En utilisant vos deux mains, appuyez doucement sur la lèvre, puis relâchez comme vous le feriez avec votre lèvre inférieure.

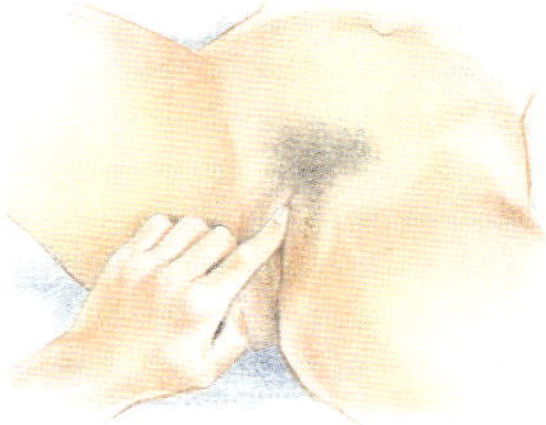

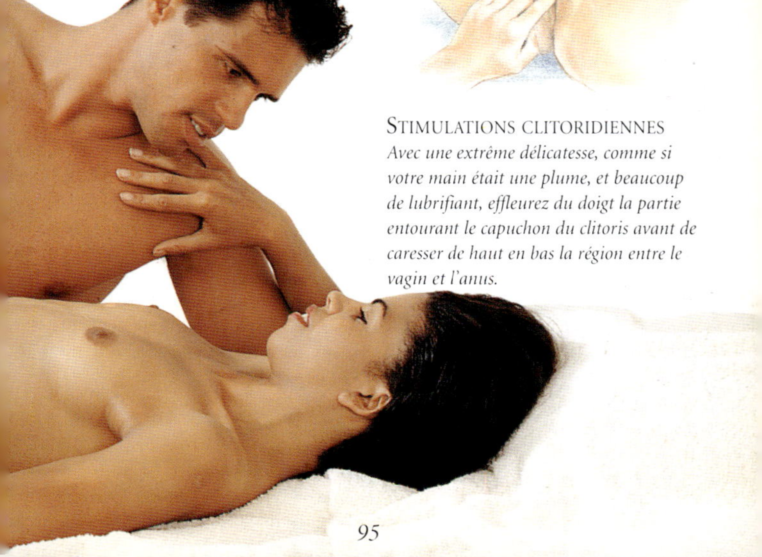

STIMULATIONS CLITORIDIENNES

Avec une extrême délicatesse, comme si votre main était une plume, et beaucoup de lubrifiant, effleurez du doigt la partie entourant le capuchon du clitoris avant de caresser de haut en bas la région entre le vagin et l'anus.

LE PLAISIR DE VOTRE COMPAGNON

EN MASSANT LES ORGANES GÉNITAUX de votre compagnon, souvenez-vous que vous n'avez pas pour but de le conduire à l'orgasme. Si cela se produit, tant mieux pour lui, sinon cela n'a pas vraiment d'importance, car vous lui aurez tout de même procuré de délicieuses sensations. Les techniques illustrées ci-dessous sont deux mouvements de base. Naturellement, rien ne vous empêche de les varier… il suffit d'un peu d'imagination et de pratique.

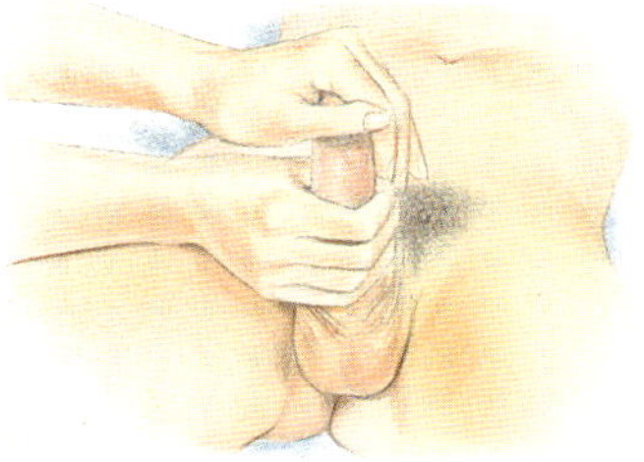

LE PRESSE-CITRON

Tenez bien le pénis en y enroulant une main. Puis, en utilisant le creux de l'autre main, frictionnez l'extrémité du pénis, comme si vous pressiez un citron.

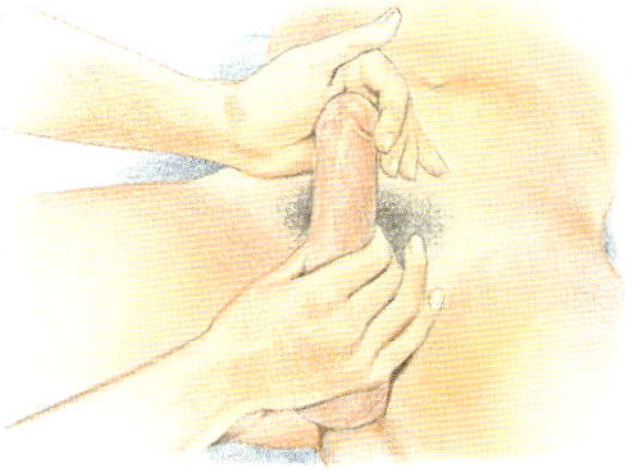

UNE MAIN SUR L'AUTRE

En partant de l'extrémité du pénis, faites glisser le creux de votre main tout au long de la hampe. Avant que cette main n'atteigne la base du pénis, ramenez l'autre main sur le gland pour recommencer le même mouvement.

EXPLORATION

Caresser la région génitale de votre partenaire n'est que la progression naturelle d'un même geste d'amour qui commence par des baisers et des câlins. Trouvez la technique qu'il préfère.

Le massage sexuel doit toujours inclure la poitrine.

EXCITER TOUT PARTOUT

Vos mains, vos lèvres, la chaude pression de votre corps… tout peut servir à électriser la peau de votre partenaire avant d'embraser sa région génitale.

LE MASSAGE SEXUEL

L'UN DES POINTS ESSENTIELS D'UN BON MASSAGE repose sur la confiance que l'on porte au masseur ou à la masseuse – il faut pouvoir se fier à lui, ou à elle, pour que le geste posé ne devienne pas sexuel. (Car *sensuel* ne veut pas dire *sexuel.*) Toutefois, lorsque vous vous trouvez entre les mains de votre partenaire, le massage sexuel peut s'exprimer librement, voire devenir un art, comme avec les techniques de massage à « trois mains ». La stimulation réciproque des organes génitaux y occupe une place importante ; rappelez-vous cependant que les résultats ne sont concluants que dans la mesure où le corps entier a été adéquatement préparé.

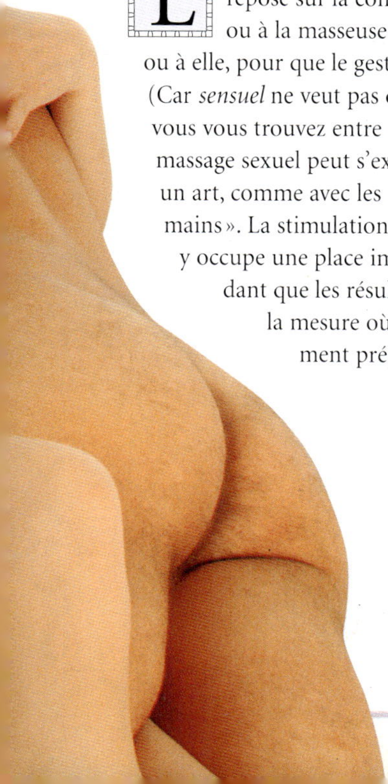

LE CONTACT ULTIME

Pour clore en toute beauté un tel programme attentionné, allez-y d'un massage intime. Ce préliminaire est l'un des plus excitants ; vous aimerez le donner autant que vous éprouverez du plaisir à le recevoir.

LE MASSAGE À TROIS MAINS PAR L'HOMME

Nous devons l'épanouissement sensuel de cette technique du « massage à trois mains » au maître en la matière, l'Américain Ray Stubbs. Il cherchait à combiner la détente sensuelle offerte par le massage avec la douceur du contact sexuel. Une croyance ancestrale d'origine chinoise rapporte que le pénis et le vagin possèdent certains points énergétiques. Ray reprit cette notion afin de mettre en valeur le côté interne de l'énergie corporelle.

Exécutez cet exercice à tour de rôle. La personne qui se fait masser ne doit pas essayer de rendre simultanément la pareille, car les efforts combinés risqueraient de compromettre le calme intérieur que l'on désire atteindre.

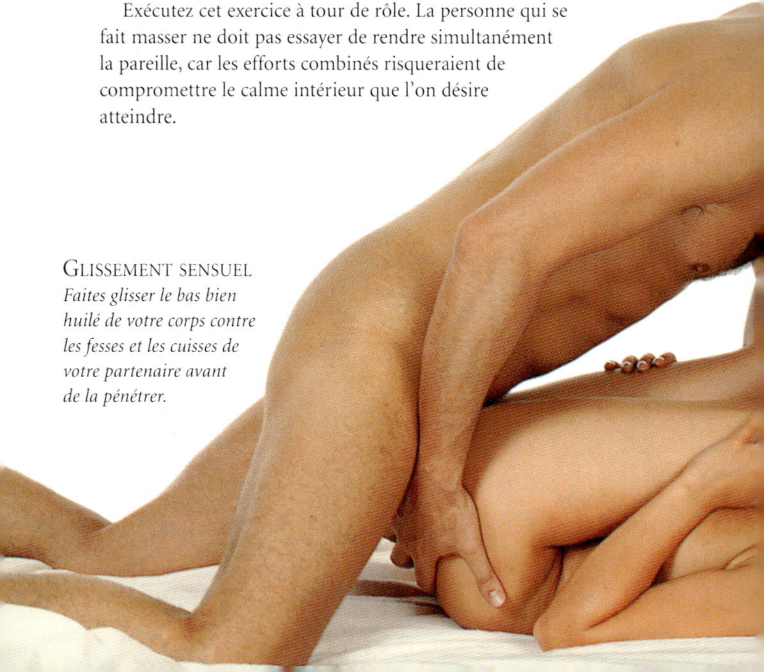

GLISSEMENT SENSUEL
Faites glisser le bas bien huilé de votre corps contre les fesses et les cuisses de votre partenaire avant de la pénétrer.

LA MISE EN ŒUVRE DU MASSAGE

1 Avant de vous attarder à la région génitale, massez votre partenaire avec les mains pendant environ 15 minutes en utilisant les techniques de massage indiquées précédemment. Surtout, ne faites rien à la hâte. Effleurez le corps tout doucement, ne visez pas l'orgasme – ni pour vous, ni pour votre partenaire. Après ce massage manuel, passez à l'étape 2.

2 Massez le dos de votre partenaire. Emprisonnez sa taille entre vos jambes de manière à la chevaucher. Pour faciliter la douceur de la friction et accroître votre mobilité, enduisez généreusement votre abdomen, vos cuisses et votre sexe d'huile à massage.

3 Sans cesser de masser sensuellement votre partenaire, faites glisser votre bassin bien huilé de l'avant vers l'arrière sur les cuisses et les fesses de votre compagne qui pourra ainsi sentir et apprécier la caresse de votre sexe sur sa peau.

4 Poursuivez en faisant naturellement glisser votre pénis entre les jambes légèrement écartées de votre compagne, jusqu'à ce qu'il entre en contact avec le vagin. Prenez alors le temps de la pénétrer de manière extrêmement lente sans cesser de la masser avec vos mains afin que les deux mouvements se confondent.

Le massage à trois mains par la femme

Cette technique est aussi efficace lorsque les rôles sont inversés, c'est-à-dire lorsque la femme l'entreprend elle-même. Sa grande séduction provient du fait qu'elle est tout aussi agréable pour la personne qui l'applique que pour celle qui la reçoit.

Pour faire plaisir à son partenaire

1 Installez-vous à califourchon sur votre partenaire, vos cuisses encerclant son abdomen. Commencez par masser le haut du corps puis, en vous inclinant vers l'arrière, caressez-lui les cuisses en allant aussi loin que vous le pourrez. Après 15 minutes de cette pratique, revenez vers lui pour poser votre poitrine contre la sienne. Faites glisser vos seins de haut en bas puis de gauche à droite en un délicieux mouvement ondulatoire. Soyez très généreuse sur la quantité d'huile que vous utilisez, car c'est une façon de rendre ce corps à corps sensuel encore plus mémorable.

Le plaisir total

Cette technique de massage vous permet d'offrir à votre compagnon une large gamme de merveilleuses sensations.

2 Le prochain mouvement consiste à faire glisser lentement votre pelvis le long de son pénis. Tout en le caressant de cette manière, embrassez-le, voire respirez-le pour bien lui montrer votre amour. Lorsque son pénis commencera à se dresser, glissez alors tout doucement jusqu'à ce que sa verge touche votre vulve sans toutefois en autoriser la pénétration. Frottez langoureusement votre sexe contre le sien tout en continuant de laisser courir vos mains sur son corps en un mouvement léger et sensuel. Tout le succès de ces techniques spéciales repose sur la cadence du mouvement. Prenez donc tout votre temps !

La lenteur du mouvement n'enlève rien au dynamisme de vos mains qui caressent activement le corps de votre partenaire.

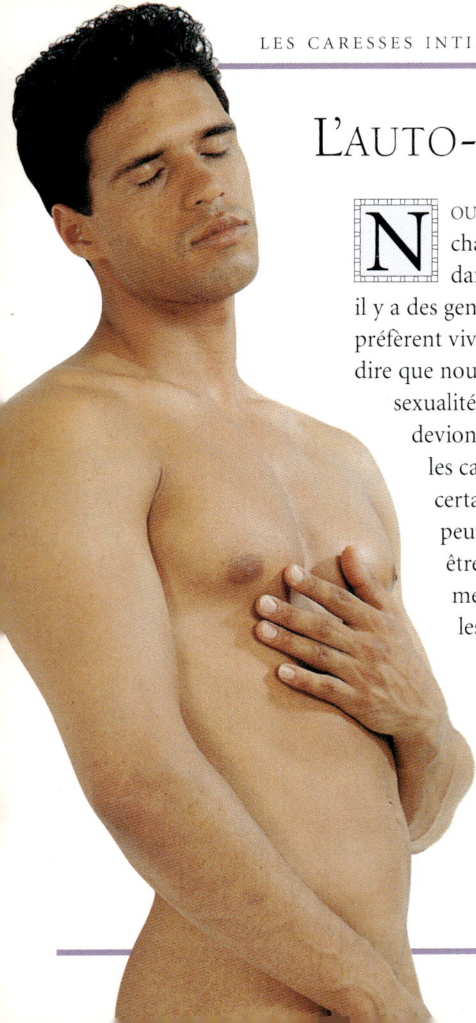

L'AUTO-CARESSE

NOUS N'AVONS PAS tous la chance d'avoir quelqu'un dans notre vie. Du reste, il y a des gens qui, de toute façon, préfèrent vivre seuls. Cela ne veut pas dire que nous sacrifions notre sexualité pour autant ni que nous devions oublier complètement les caresses. En pareil cas, une certaine forme de sensualité peut entretenir notre bien-être sexuel. Elle peut également servir à agrémenter les relations sexuelles.

APPRENDRE À SE FAIRE PLAISIR
Il arrive parfois que l'on se sente seul – même vivant en couple. Il est cependant possible de parer à la solitude en découvrant les joies de la masturbation.

UN TRÉSOR DE SENSATIONS

Ne croyez pas que les caresses personnelles se résument à la masturbation. Il y a autant de techniques à essayer que de parties sur votre corps. Ne vous sentez jamais coupable de préférer une façon à une autre. Votre but est de vous faire plaisir.

AIMER SON CORPS
Pour que cette expérience soit des plus satisfaisantes, il est essentiel d'entretenir une image positive de son corps.

L'AUTO-CARESSE POUR ELLE

CETTE FORME D'ÉROTISME AU SINGULIER constitue une façon particulièrement agréable d'explorer son propre corps, de l'apprivoiser et de l'aimer. En vous procurant vous-même de si fortes sensations intimes, vous arriverez à découvrir ce qui vous plaît le plus et ce qui vous plaît le moins en matière de contact sensuel.

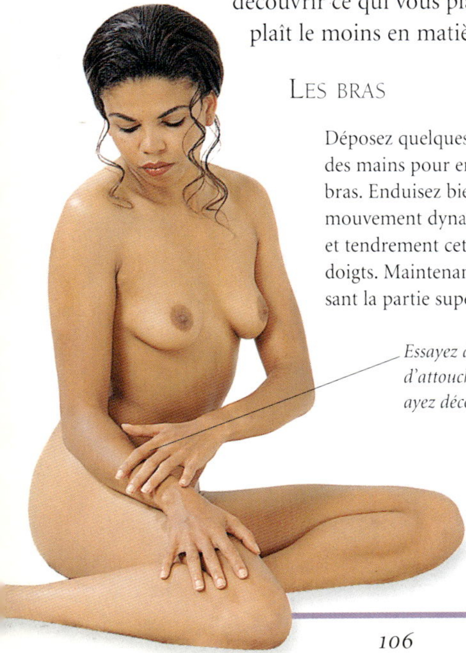

LES BRAS

Déposez quelques gouttes d'huile dans le creux des mains pour ensuite frictionner vos avant-bras. Enduisez bien la peau d'huile à l'aide d'un mouvement dynamique, puis tapotez doucement et tendrement cette partie du corps avec les doigts. Maintenant, répétez l'exercice en caressant la partie supérieure des bras.

Essayez différentes sortes d'attouchement jusqu'à ce que vous ayez découvert ce que vous préférez.

L'AUTO-APPRÉCIATION
Peu importe la manière employée pour le toucher, apprenez à aimer votre corps et à le traiter avec respect.

CARESSER VOTRE POITRINE

Faites l'expérience de divers attouchements et de différentes caresses en promenant les mains sur vos seins. Vous éprouverez de merveilleuses sensations.

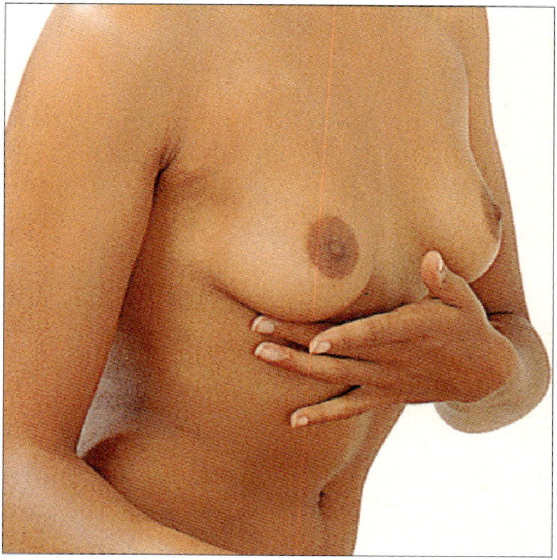

LES SEINS

À l'aide des mains, chaudes et bien huilées, caressez vos seins en décrivant un mouvement circulaire qui atteigne toutes les parties. Poursuivez en pétrissant et en pressant doucement les seins, un à la fois, puis les deux en même temps. Découvrez le mouvement que vous préférez.

LA RÉGION PELVIENNE

Ne vous contentez pas de caresser uniquement vos seins. Vous pouvez ressentir une foule de sensations merveilleuses en touchant différentes parties de votre anatomie telle la région pelvienne.

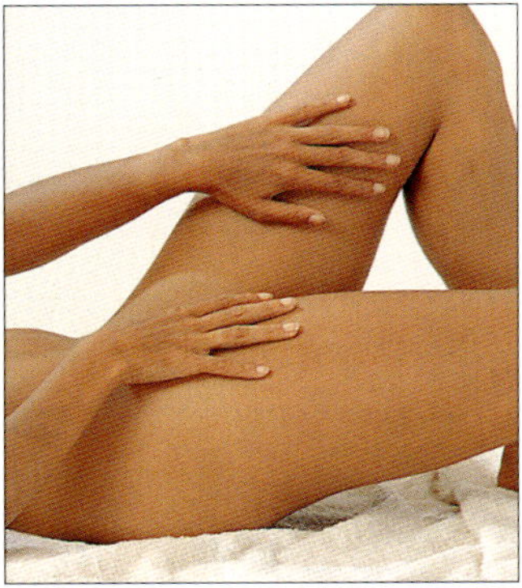

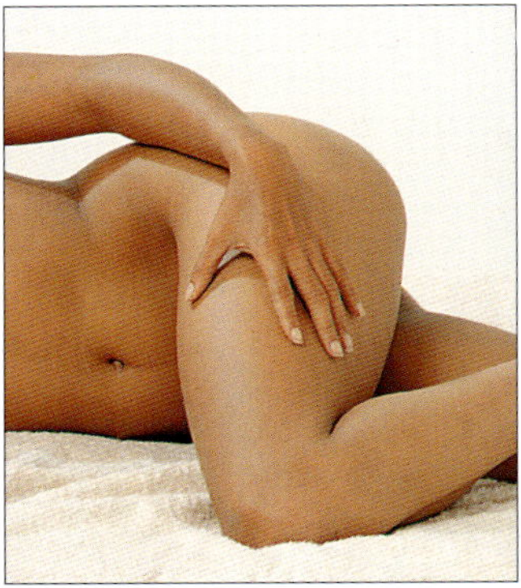

L'INTÉRIEUR DES CUISSES

Après avoir massé votre fessier, retournez-vous sur le dos et, sans toucher à votre sexe, palpez et caressez l'intérieur de vos cuisses. Variez la pression et la vitesse des mouvements en laissant courir vos mains de haut en bas.

L'EXTÉRIEUR DES CUISSES

Tournez-vous lentement sur le côté en position confortable. Massez le haut de la cuisse en partant des fesses et en descendant jusqu'au genou. Tournez-vous de l'autre côté et répétez l'exercice avec l'autre cuisse.

Les fesses

Allongée sur le dos ou sur le côté, palpez vos fesses du bout des doigts et de la paume des mains. Effectuez de larges mouvements circulaires.

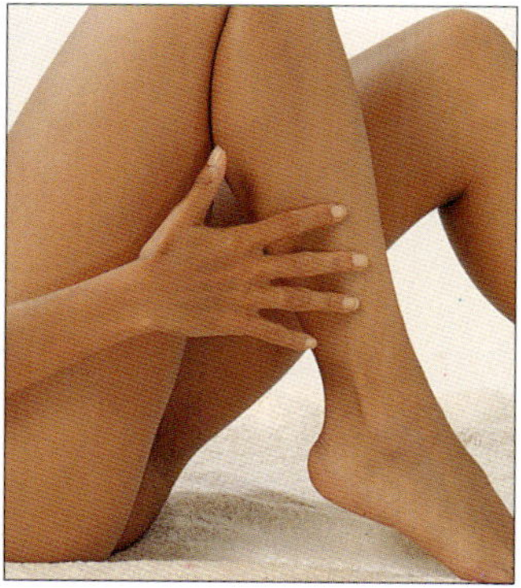

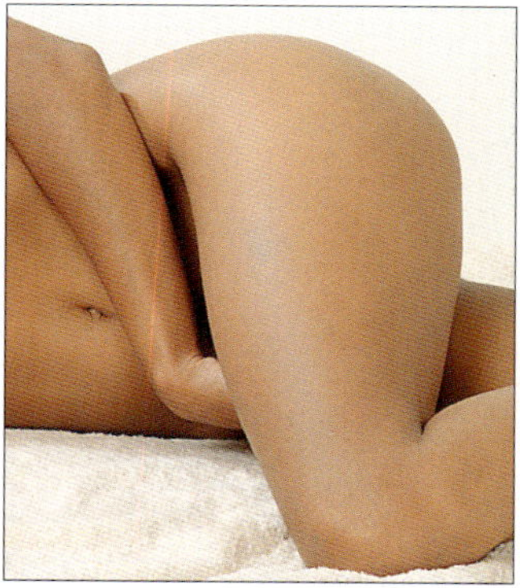

Les mollets

Allongée sur le dos, caressez l'arrière et les côtés de vos mollets en les pressant doucement avec vos doigts et vos pouces. Effectuez le mouvement à plusieurs reprises de la cheville jusqu'au genou.

La région génitale

En terminant, fermez les yeux et commencez à caresser votre sexe avec douceur. Explorez lentement cette région avec les doigts, en commençant par les lèvres et la vulve, puis poursuivez en stimulant le clitoris.

L'AUTO-CARESSE POUR LUI

POUR EFFECTUER CETTE FORME DE SENSUALITÉ, ayez devant vous au moins une heure d'intimité totale. Commencez par prendre une douche ou un bain chaud. Le bain favorise davantage la détente. Dirigez-vous ensuite vers une pièce bien chaude, décrochez le téléphone et verrouillez la porte.

LES MAINS ET LES BRAS

Commencez par frictionner vos mains avec de l'huile légèrement chaude. Ensuite, massez le dos de chaque main, puis commencez à palper vos bras. La pression est dynamique et le mouvement s'effectue de haut en bas de chaque bras. Pressez les poignets, puis remontez les mains en les faisant glisser jusqu'aux coudes. Faites suivre ce mouvement ferme de caresses plus douces.

Terminez la séance en vous touchant et en vous frictionnant doucement.

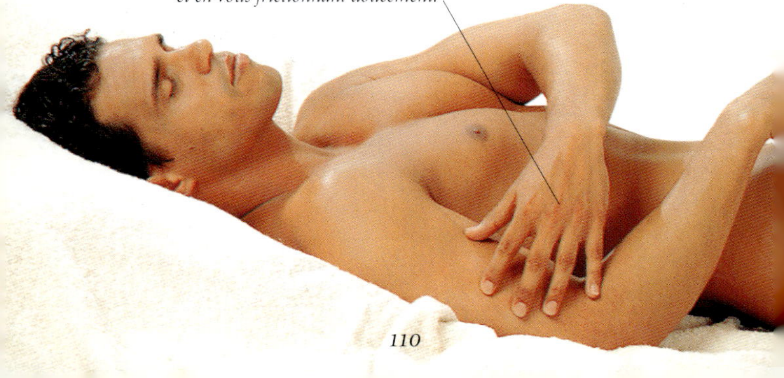

LA POITRINE ET LES MAMELONS

Appliquez l'huile à massage en vous servant des deux mains. En décrivant des mouvements circulaires, caressez toute votre poitrine à l'exception des mamelons, en vous attardant sur une petite partie à la fois. Ensuite, enduisez chaque mamelon d'un peu plus d'huile, puis effleurez-les et pressez-les. Sentez l'effet que cela provoque. Les mamelons font partie des zones les plus sensibles du corps et le fait de les toucher constitue un geste qui pourrait se révéler pour vous des plus érotiques.

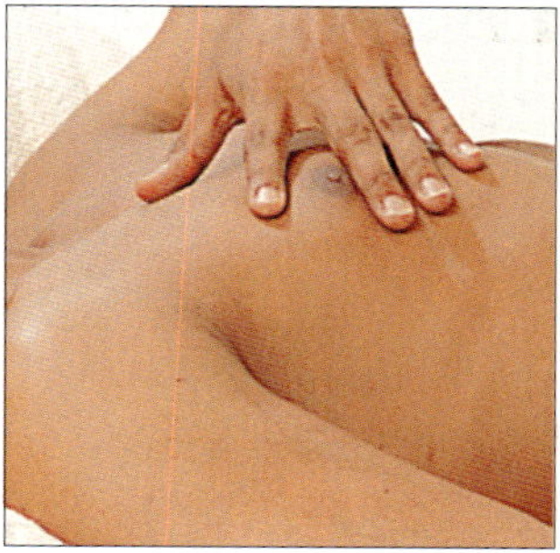

VARIER LES MOUVEMENTS

L'intensité des caresses et des cercles décrits sur la poitrine doit être graduelle. Traitez les mamelons avec plus de délicatesse.

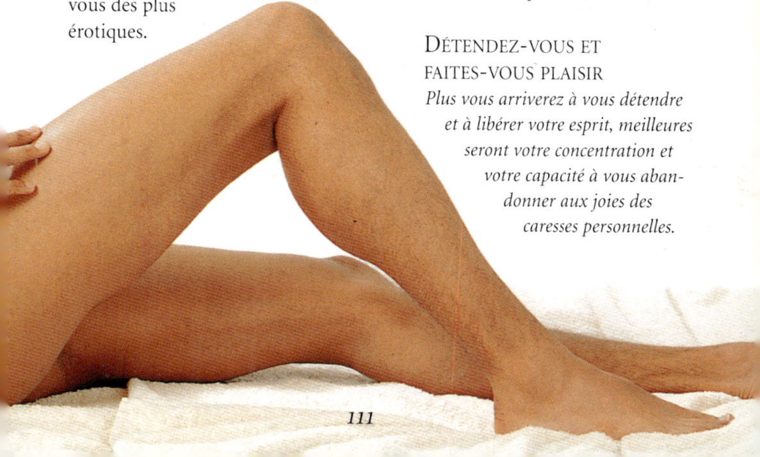

DÉTENDEZ-VOUS ET FAITES-VOUS PLAISIR

Plus vous arriverez à vous détendre et à libérer votre esprit, meilleures seront votre concentration et votre capacité à vous abandonner aux joies des caresses personnelles.

LA RÉGION PELVIENNE

Les caresses intimes sont efficaces sur toutes les parties du corps et non seulement sur la poitrine. Certaines zones situées sous la ceinture sont très sensibles aux caresses et procurent un éventail d'agréables sensations.

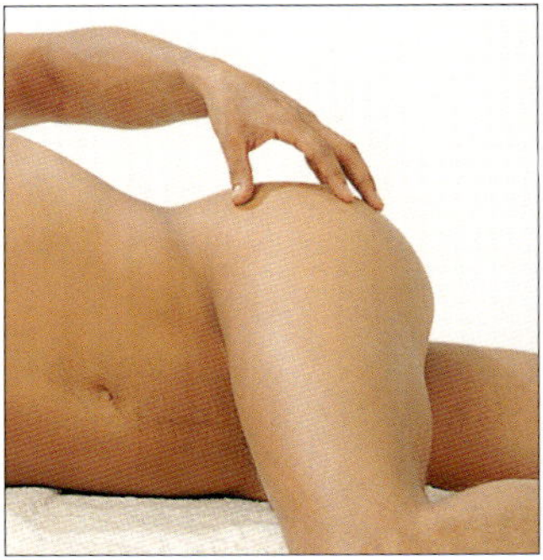

L'ABDOMEN

Huilez vos mains et faites-les courir sur votre abdomen en pratiquant des mouvements circulaires. Allez de la taille jusqu'à l'aine, puis recommencez. Alternez les pressions douces et fermes.

LES CUISSES

Pianotez à plusieurs reprises sur le haut de vos cuisses. En couvrant à la fois l'intérieur et l'extérieur des jambes et en exerçant une pression ferme, allez du genou jusqu'à la région génitale. Ne succombez pas tout de suite à l'envie de toucher votre sexe.

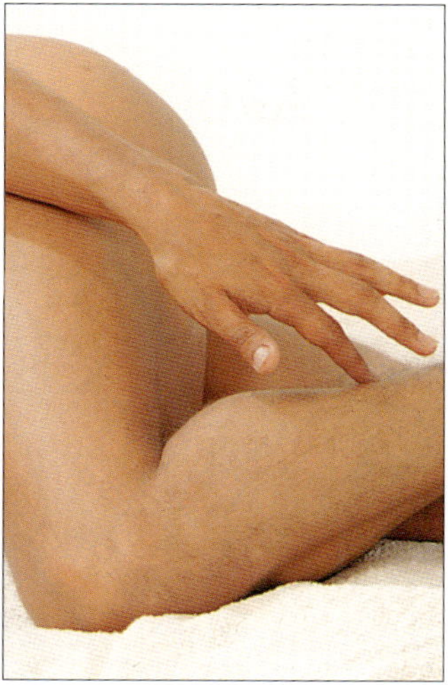

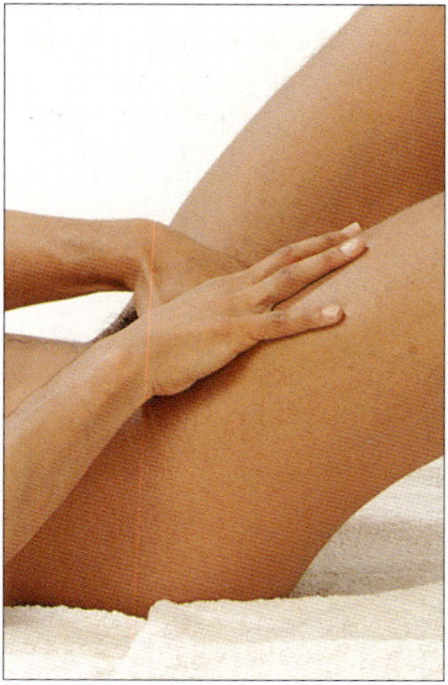

Le bas de la jambe

Caressez une jambe à la fois en des mouvements répétés allant de la cheville jusqu'au genou. Veillez à ne pas donner de coup sur la partie très sensible située à l'arrière du genou. Vous serez peut-être surpris de découvrir un côté très érotique à l'astragale.

Le pénis

Fermez les yeux et commencez à caresser doucement votre pénis mais non pas comme vous le feriez normalement en vous masturbant. Prenez le temps d'explorer, de sentir la texture de votre sexe et la sensation que cela vous donne de l'avoir en main.

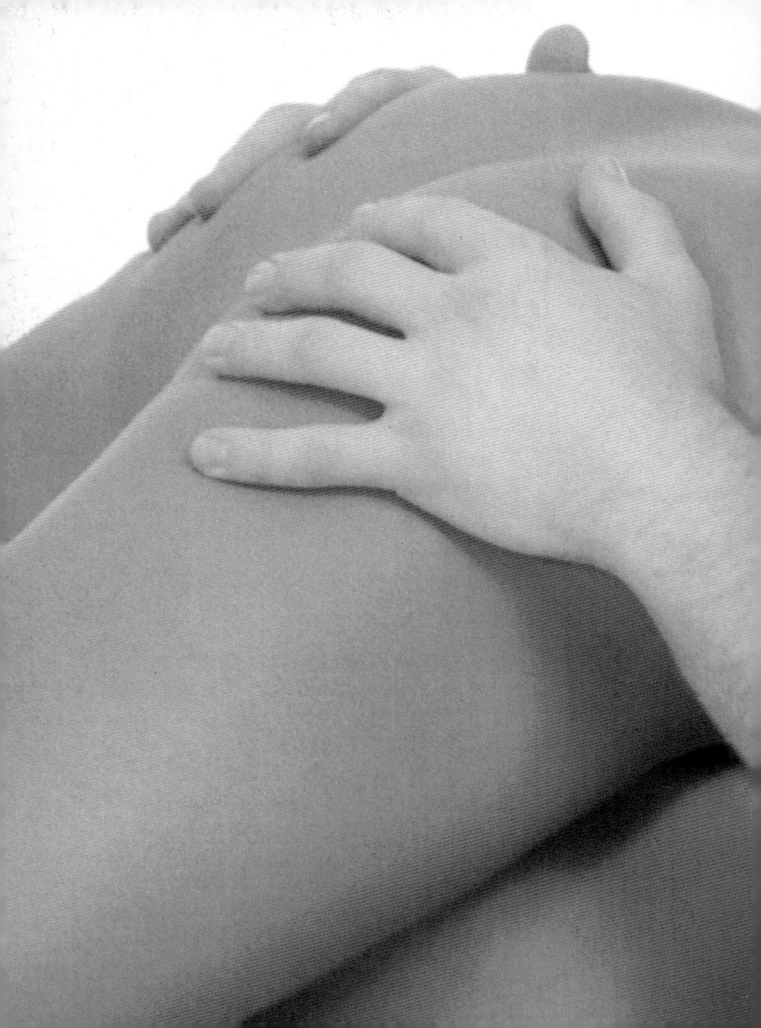

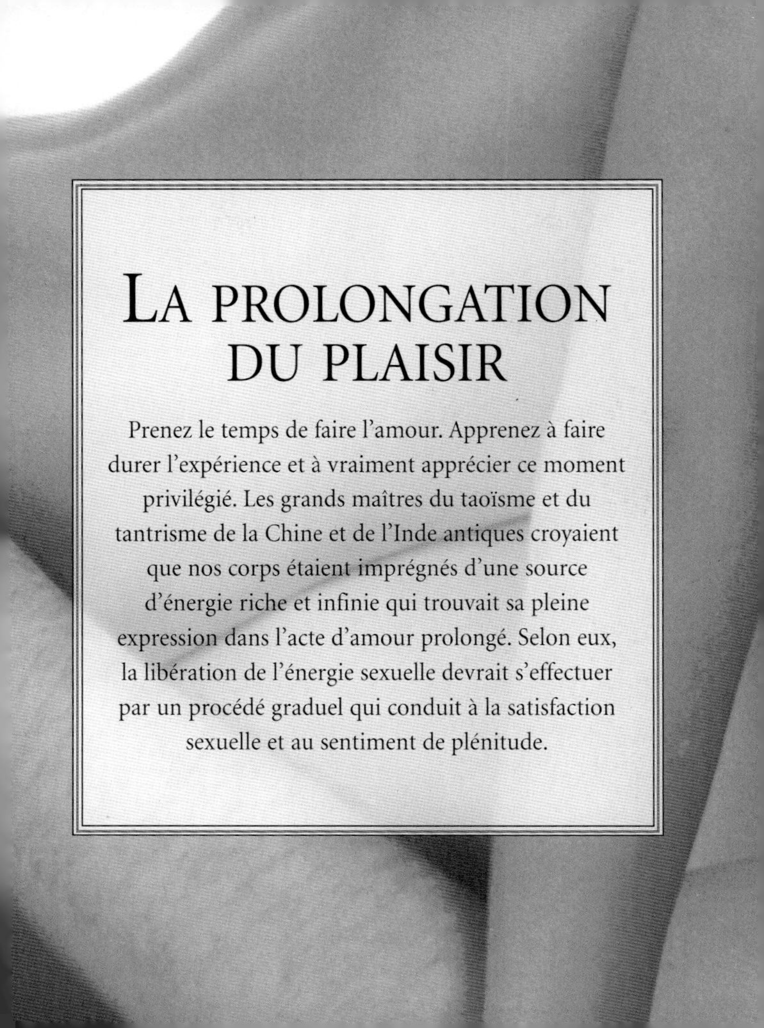

La prolongation du plaisir

Prenez le temps de faire l'amour. Apprenez à faire durer l'expérience et à vraiment apprécier ce moment privilégié. Les grands maîtres du taoïsme et du tantrisme de la Chine et de l'Inde antiques croyaient que nos corps étaient imprégnés d'une source d'énergie riche et infinie qui trouvait sa pleine expression dans l'acte d'amour prolongé. Selon eux, la libération de l'énergie sexuelle devrait s'effectuer par un procédé graduel qui conduit à la satisfaction sexuelle et au sentiment de plénitude.

L'UNION EXTATIQUE

POUR PARVENIR À L'EXTASE SEXUELLE, l'union entre votre partenaire et vous doit être parfaite. Accordez-vous du temps pour vous découvrir et vous apprécier l'un l'autre. Prenez plaisir à votre nudité : embrassez, touchez, caressez tout le corps de votre partenaire. Sentez cette énergie électrisante prendre possession de vos corps. La mise en place d'une telle union de corps et d'esprit avant de commencer à faire l'amour vous entraînera au sommet de l'intimité et au plaisir suprême.

LA PRÉPARATION À L'ACTE D'AMOUR

Il existe plusieurs moyens de mener au plaisir et de le prolonger en faisant l'amour. Ce chapitre explore de simples plaisirs tels ceux que procurent le baiser et les préliminaires. Il révèle en plus quelques-uns des très anciens secrets sexuels d'origine orientale qui vous aideront à étendre vos énergies mutuelles jusqu'à de glorieux horizons et à connaître ainsi le plaisir sexuel le plus intense.

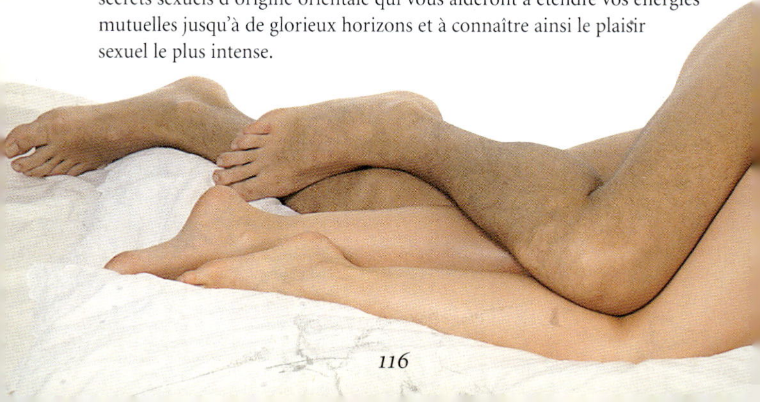

ÊTRE TOUS DEUX EN OSMOSE

Cette technique ancienne de visualisation chinoise favorise l'union de l'énergie sexuelle.

1 Pensez au corps nu de votre partenaire. Imaginez de minuscules langues de feu jaillissant de chacun de ses pores. Sa peau est enveloppée d'une brume ardente qui bientôt devient translucide, telle une brume de chaleur.

2 Posez la main sur la peau de l'autre. Les petites et invisibles langues de feu sont tout à coup aspirées par vos mains; elles palpitent en remontant le long de vos bras jusqu'à vos épaules. Bientôt, c'est toute votre peau qui s'enflamme imperceptiblement, tout comme celle de votre partenaire – vous êtes unis par cette même image de brasier dévorant, mais non encore brûlant.

NE FAIRE QU'UN
Prenez le temps d'établir une véritable relation avec votre partenaire. Faire l'amour deviendra alors une expérience tout à fait unique et l'intimité sera parfaite.

LE BAISER

LE BAISER SERT à exprimer plusieurs choses : une salutation, une note d'affection ou encore un désir brûlant avant et pendant l'amour. Comme les lèvres et la langue sont parmi les parties les plus sensibles du corps, il n'est pas étonnant que le fait de s'embrasser tendrement, voire profondément, puisse se révéler une expérience tout aussi érotique que l'acte sexuel lui-même. Ne sous-estimez ni l'importance ni la puissance du baiser dans vos rapports sexuels.

EMBRASSER AVEC ASSURANCE
Savoir embrasser avec adresse rehaussera votre propre état passionnel tout en augmentant le degré d'assurance et en favorisant l'excitation de votre partenaire.

L'INTIMITÉ
Embrasser en atteignant le paroxysme du plaisir est un geste très personnel et émouvant, comme tous les autres aspects de la sexualité.

PRÉLIMINAIRES SENSUELS

POUR ÉVEILLER GRADUELLEMENT LE DÉSIR, il est impératif d'éviter de plonger immédiatement dans le feu de l'action. Les jeux préliminaires sensuels – des touchers électrisants aux doux baisers et aux caresses – serviront à faire monter doucement le degré d'excitation de votre partenaire. Utilisez vos mains, vos lèvres et votre langue pour explorer et savourer le moindre petit bout de chair et découvrir les zones les plus érogènes.

Glissez lentement le long de votre partenaire en couvrant son corps de vos baisers et caresses.

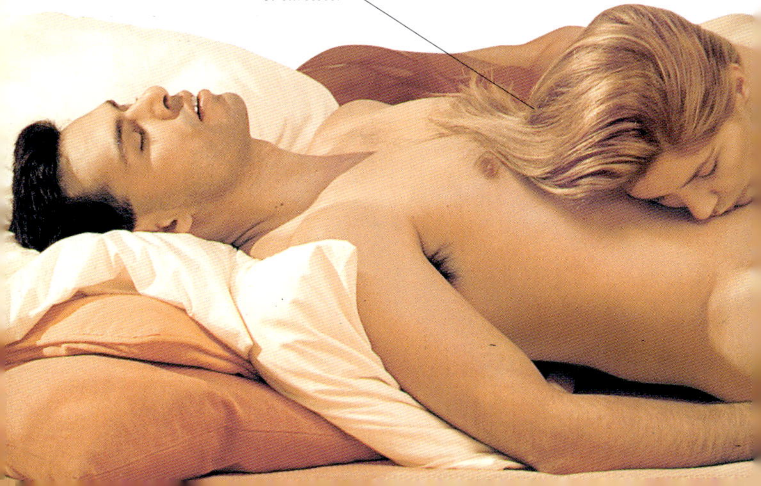

PRENEZ VOTRE TEMPS

Excitez votre partenaire en explorant la moindre parcelle de son corps. Découvrez les attouchements, les baisers et les caresses qui la font tressaillir.

DES TOUCHERS CHARGÉS D'ÉLECTRICITÉ

Lorsque vous commencerez à stimuler la région pelvienne de votre partenaire, son désir s'intensifiera rapidement.

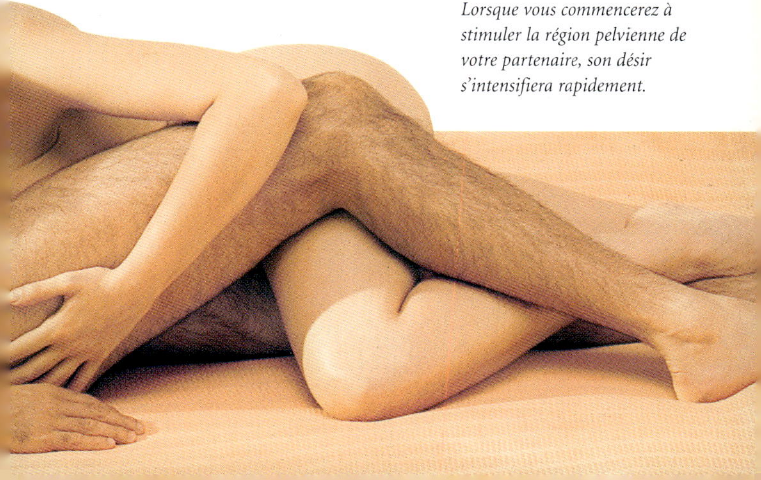

LA « RÈGLE DES NEUF »

DES RÉFLEXOLOGISTES DISENT qu'en stimulant les récepteurs sensoriels du pied, ils arrivent à activer l'énergie des organes qui y sont reliés. Le pénis et le vagin sont également dotés de tels récepteurs sensoriels, appelés aussi zones de réflexologie. La « règle des neuf » (*voir à la page 125*) est un exercice taoïste qui a pour but de masser de façon égale l'ensemble des zones de réflexologie génitales de manière que tout le reste du corps en profite.

Les parties du corps sollicitées, nommées « sept glandes », sont : l'épiphyse, l'hypophysaire, la thyroïde, le thymus, le pancréas, les surrénales et les glandes sexuelles (la prostate et les testicules chez l'homme, les ovaires chez la femme).

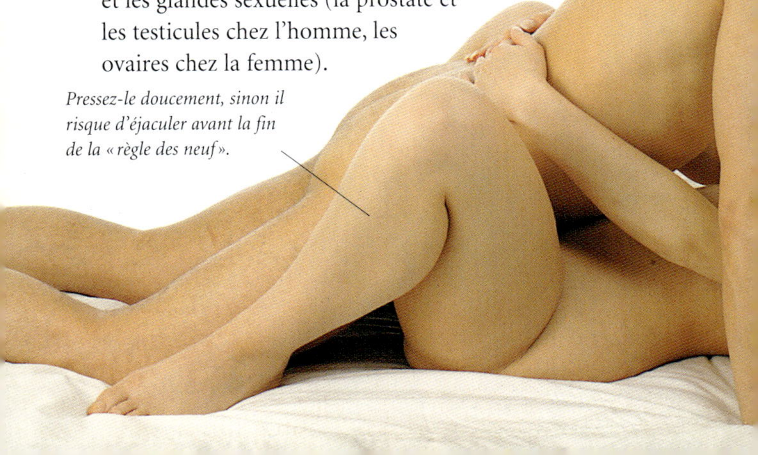

Pressez-le doucement, sinon il risque d'éjaculer avant la fin de la « règle des neuf ».

LE MASSAGE INTERNE

Les nombreux replis du canal vaginal et la forme irrégulière du pénis empêchent de masser uniformément le pénis ou le vagin pendant un rapport sexuel régulier. La « règle des neuf », composée de 90 mouvements, a pour but de rétablir cette situation.

Les étudiants consciencieux s'astreindront à répéter la règle plus d'une fois. Toutefois, avant de maîtriser cette technique et de la réussir sans éjaculer, une grande pratique est habituellement nécessaire.

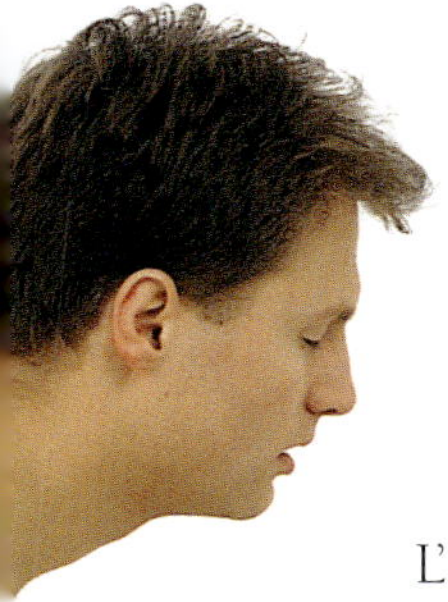

L'« INJACULATION »

La technique taoïste de l'« injaculation » utilisant le point Jen-Mo (*voir à la page 137*) peut être employée conjointement avec la « règle des neuf », à la fois pour son effet bénéfique sur la santé de l'homme et pour son utilité à prolonger la durée du coït.

En faisant reposer le poids du corps sur vos bras, vous pouvez maîtriser plus efficacement le mouvement de poussée.

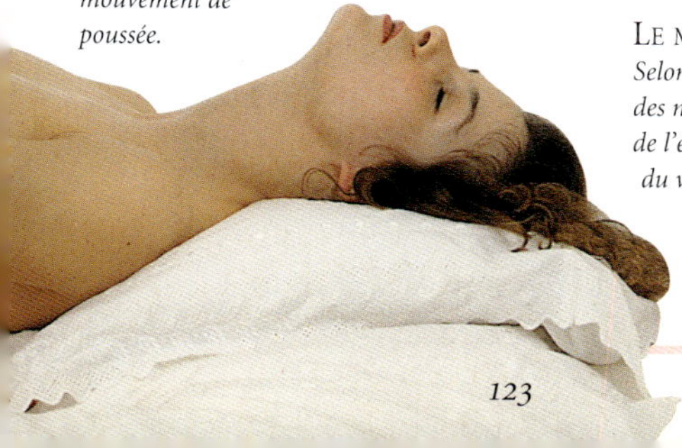

LE MASSAGE INTERNE
Selon certaines sources, la « règle des neuf » est censée transmettre de l'énergie par massage interne du vagin et du pénis.

LA MISE EN APPLICATION DE LA « RÈGLE DES NEUF »

Il faut savoir que cette technique n'a pas pour objectif principal l'accomplissement du plaisir. L'activité peut paraître excitante, mais la technique a d'abord été élaborée à titre de mesure préventive avec comme résultat l'alimentation énergétique des « sept glandes » (*voir à la page précédente*).

Vous sentir à l'aise en faisant l'amour est peut-être le point le plus important pour garantir une relation sexuelle prolongée. À cet égard, il est important de choisir un lieu paisible et de vous assurer de ne pas être importunés. Coupez la sonnerie du téléphone, verrouillez la porte et rassemblez tout ce dont vous aurez besoin à portée de la main.

CONCENTREZ-VOUS SUR VOTRE OBJECTIF *L'exécution de la « règle des neuf » se fait avec plaisir, mais n'oubliez pas que son but premier est d'être bénéfique pour votre santé.*

LA « RÈGLE DES NEUF »

Le mouvement de poussée forme la base de cette technique. Ce mouvement, il va sans dire, exige une très grande maîtrise. L'homme surplombant la femme est la meilleure position pour exécuter la « règle des neuf ». Les 90 mouvements successivement profonds et peu profonds doivent être effectués dans l'ordre donné.

1 *L'homme se borne à entrer et à sortir l'extrémité du pénis dans le vagin avant de se retirer. Il doit répéter ce mouvement neuf fois avant d'enfoncer une seule fois le pénis en entier.*

2 *L'homme poursuit en exécutant de nouveau huit mouvements peu profonds, suivis de deux mouvements profonds (en enfonçant le pénis en entier).*

3 *Il exécute ensuite sept mouvements peu profonds suivis de trois mouvements profonds.*

4 *Six mouvements peu profonds suivis de quatre mouvements profonds.*

5 *Cinq mouvements peu profonds suivis de cinq mouvements profonds.*

6 *Quatre mouvements peu profonds suivis de six mouvements profonds.*

7 *Trois mouvements peu profonds suivis de sept mouvements profonds.*

8 *Deux mouvements peu profonds suivis de huit mouvements profonds.*

9 *Finalement, l'homme exécute un mouvement peu profond suivi de neuf profonds.*

Un conseil : si vous désirez continuer avec d'autres mouvements, demandez d'abord l'avis de votre partenaire. Bien que cette technique poursuive un objectif important, il ne faut pas oublier que toute bonne chose a une fin. Faites preuve de bon sens !

L'« EXERCICE DU CERF » POUR ELLE

D'ANCIENS PHILOSOPHES CHINOIS avaient constaté que le cerf, connu pour son excellente capacité de reproduction, excitait son anus en remuant la queue. Ils ont alors conçu l'« exercice du cerf », qui accroît le degré d'excitation chez l'homme et la femme. Les femmes peuvent adapter cette technique pour faire travailler les muscles du plancher pelvien, faisant naître ainsi des sensations érotiques.

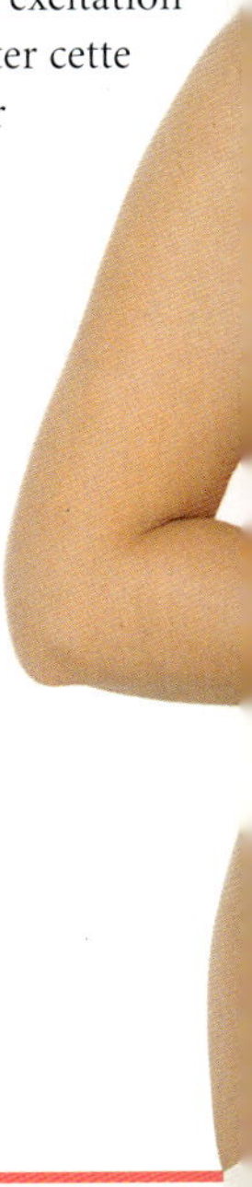

LA PRÉPARATION

Assise en tailleur sur le lit, installée le plus confortablement possible, commencez à vous concentrer. Vos mains doivent être bien chaudes.

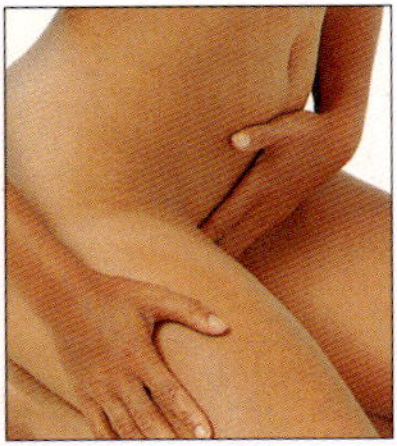

L'AUTO-CARESSE PARFAITE

L'auto-caresse doit être un plaisir et ne doit jamais faire naître un sentiment de culpabilité. Lorsque l'auto-caresse est effectuée avec assurance et l'esprit bien reposé, elle peut procurer des plaisirs aussi intenses que ceux d'une relation sexuelle normale.

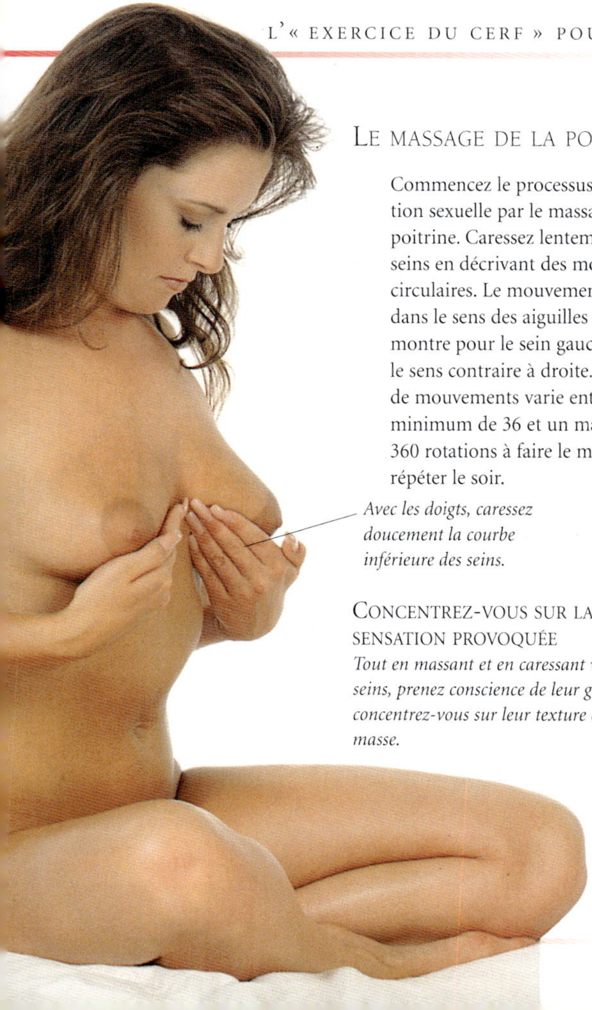

LE MASSAGE DE LA POITRINE

Commencez le processus d'excitation sexuelle par le massage de la poitrine. Caressez lentement vos seins en décrivant des mouvements circulaires. Le mouvement s'effectue dans le sens des aiguilles d'une montre pour le sein gauche et dans le sens contraire à droite. Le nombre de mouvements varie entre un minimum de 36 et un maximum de 360 rotations à faire le matin, puis à répéter le soir.

Avec les doigts, caressez doucement la courbe inférieure des seins.

CONCENTREZ-VOUS SUR LA SENSATION PROVOQUÉE

Tout en massant et en caressant vos seins, prenez conscience de leur galbe et concentrez-vous sur leur texture et leur masse.

PRESSION VAGINALE

Asseyez-vous en tailleur, l'un de vos talons touchant l'entrée du vagin. Si cela est difficile à réaliser, placez une petite balle entre le pied et le vagin. La pression exercée par le talon ou la balle provoque différentes sensations permettant de libérer l'énergie sexuelle.

LE « CERF HUMAIN »

Faute de queue à remuer, nous parvenons quand même à stimuler les muscles de l'anus et de la région vaginale afin d'en retirer le même effet.

Appuyez le talon contre l'entrée de votre vagin.

DU PLAISIR PAR TOUT LE CORPS

En contractant le vagin et l'anus, vous devriez ressentir une profonde sensation agréable qui court de la colonne vertébrale jusqu'aux oreilles.

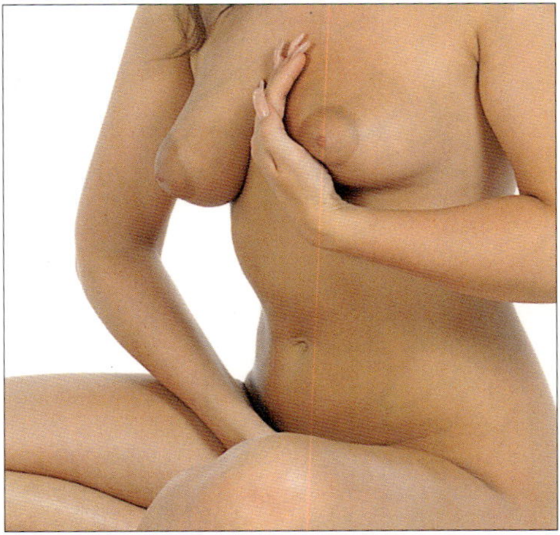

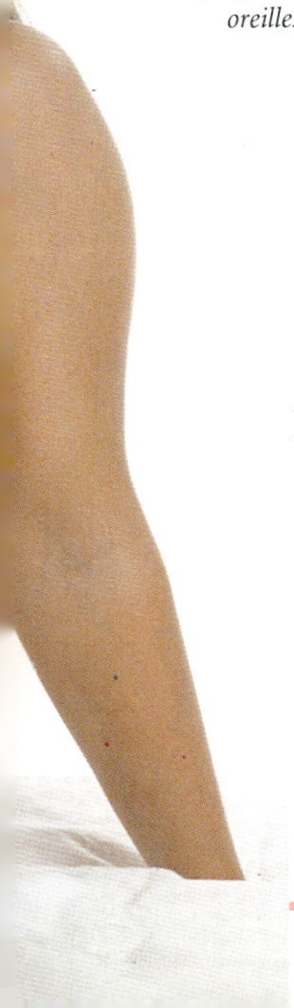

ÉNERGISEZ-VOUS

Massez un sein à la fois à l'aide d'une main et utilisez l'autre pour exercer une pression sur l'entrée du vagin. Contractez les muscles du vagin et de l'anus comme si vous tentiez de retenir le flot d'urine, puis concentrez-vous pour contracter encore plus fort les muscles de l'anus. Restez contractée puis relâchez ; répétez l'exercice 20 fois. Pour vérifier si l'exercice est effectué correctement, insérez un doigt dans le vagin pour voir si vous arrivez à le saisir, du moins à le serrer.

L'« EXERCICE DU CERF » POUR LUI

L'« EXERCICE DU CERF » est aussi efficace pour l'homme que pour la femme. De plus, selon les taoïstes, il offre en prime une production accrue de sperme. Que cela soit vrai ou non, il reste que l'exercice conserve son caractère vivifiant et libérateur.

POUR FACILITER LA PRODUCTION DE SPERME

Assis en tailleur, placez une main en coupe autour des testicules et l'autre main à plat sur l'abdomen, juste sous le nombril. Massez le côté gauche de l'abdomen en décrivant 81 mouvements circulaires, puis répétez la même chose du côté droit. La pression exercée sur l'abdomen ainsi que sur les testicules ne doit pas être trop forte. Vous devez vous sentir tout aussi à l'aise avec la manipulation qu'avec le massage.

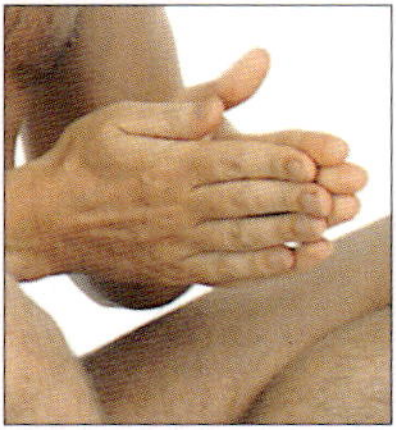

MAINS CHAUDES

Comme l'« exercice du cerf » repose sur l'auto-massage, il serait bon de vous réchauffer les mains au préalable. Frottez vigoureusement vos mains ou lavez-les à l'eau chaude.

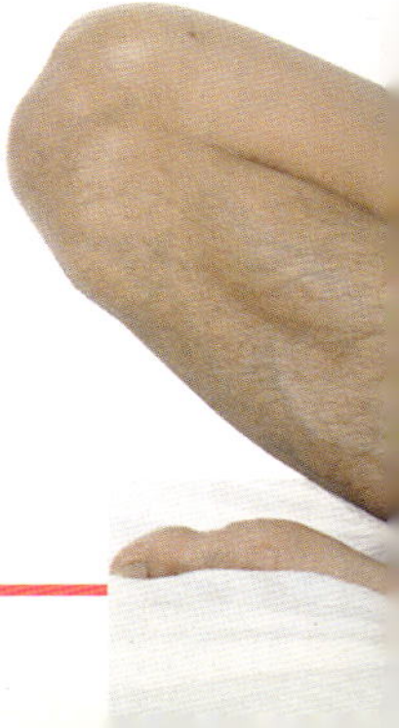

TENSION MUSCULAIRE

Cet exercice est suivi de bons résultats, car la pression exercée sur l'estomac agit sur les testicules.

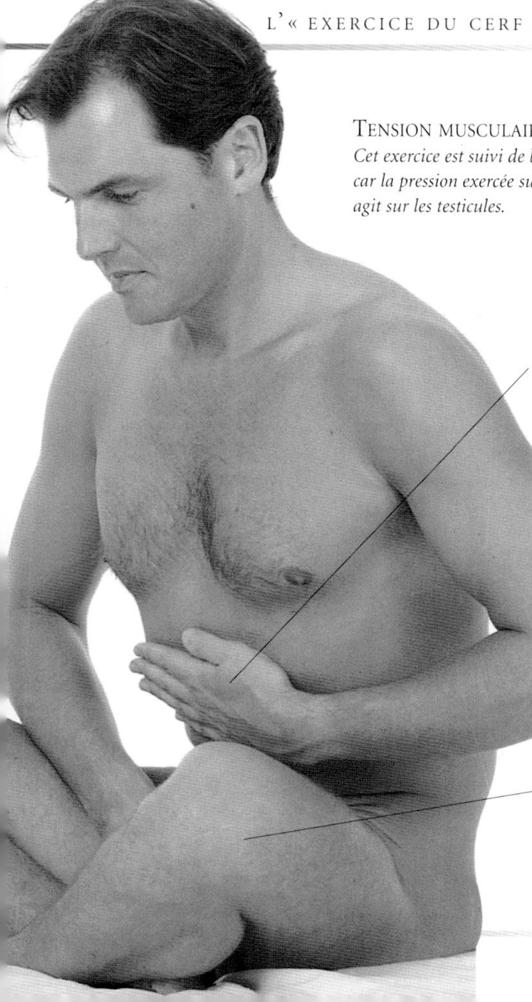

SERRER ET TENIR

Contractez les muscles de l'anus et conservez cette position aussi longtemps que vous le supportez.

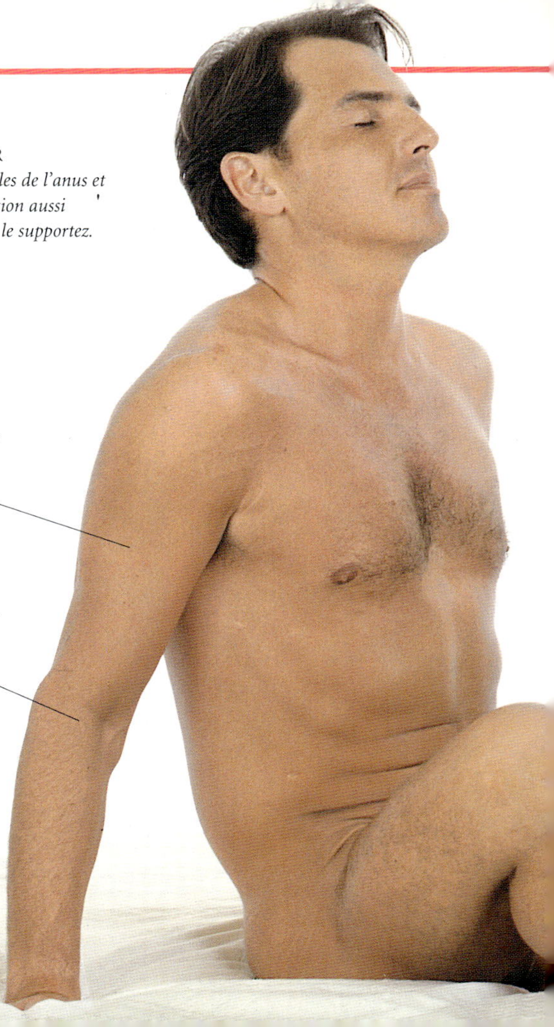

Vous sentez un léger fourmillement dans le bras.

Appuyez-vous sur les bras ou allongez-vous si vous le préférez.

MASSAGE DE LA PROSTATE

Cette technique, simple et discrète, fait travailler les muscles de l'anus qui, en retour, massent la prostate.

Contractez fermement les muscles de l'anus et maintenez la contraction aussi longtemps que possible. Détendez-vous pendant une minute, puis répétez l'exercice autant de fois que vous le supporterez. C'est un mouvement que vous pouvez faire n'importe où, en prenant un bain ou en faisant une promenade à la campagne. Les maîtres taoïstes ont noté que les contractions anales, qui stimulent la prostate, ont pour effet d'augmenter la sécrétion hormonale tout en communiquant un sentiment de bien-être.

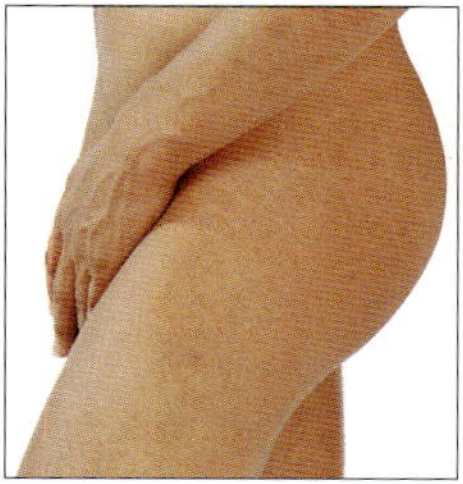

ASSIS OU DEBOUT ?
Peu importe l'heure et la posture, vous pouvez procurer un effet bénéfique à la prostate par l'emploi régulier de cette technique de contraction anale.

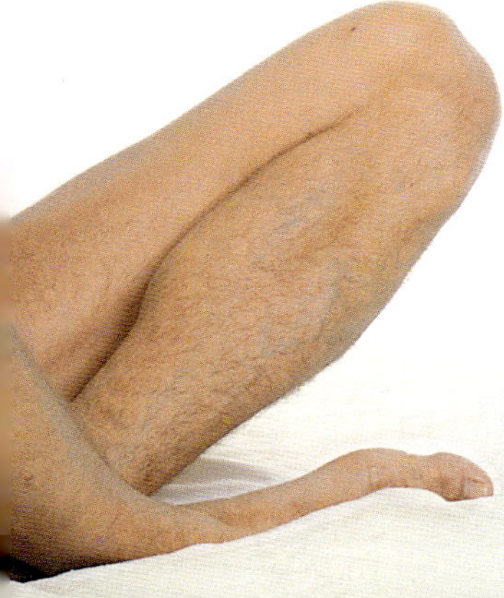

ENSEIGNEMENTS TAOÏSTES

Les philosophes taoïstes de la Chine antique s'intéressaient aux aspects spirituel et métaphysique du coït tout comme les théoriciens du tantrisme en Inde. Le taoïsme croit aussi aux bienfaits, sur le plan médical, des exercices sexuels.

LES NEUF NIVEAUX D'ORGASME

NOUS, OCCIDENTAUX INCULTES, savons peu de chose de l'orgasme féminin. Des observations cliniques démontrent que les femmes ont des orgasmes d'une durée et d'une puissance variées, provoqués par la stimulation d'une foule de parties de leur corps. Pour une raison ou une autre, cette notion a tardé à rejoindre les gens jusque dans la chambre à coucher.

ÉCLOSION

Un des principes sexuels du taoïsme de la Chine ancienne décrivait l'orgasme féminin sous la forme d'une ascension par échelons successifs immédiatement suivie d'une phase déclinante. La phase initiale serait composée d'une suite continue d'échelons s'imbriquant les uns dans les autres.

FAITES-LUI PLAISIR
Efforcez-vous de lui offrir le meilleur des orgasmes.

LES NEUF NIVEAUX D'ORGASME

Chaque niveau d'orgasme stimule une partie du corps en particulier et provoque chez la femme une réaction tout aussi observable que prévisible.

- *Niveau un (poumons) : la femme soupire, respire profondément et salive.*
- *Niveau deux (cœur) : elle tend la langue vers son partenaire en l'embrassant.*
- *Niveau trois (rate, pancréas, estomac) : ses muscles se tendent et elle s'accroche fermement à son partenaire.*
- *Niveau quatre (reins, vessie) : elle ressent une série de spasmes vaginaux et les sécrétions commencent à s'écouler.*
- *Niveau cinq (os) : ses articulations se relâchent et elle mordille son partenaire.*
- *Niveau six (foie et nerfs) : elle ondule à la manière d'un serpent, tentant d'enlacer son partenaire de ses bras et de ses jambes.*
- *Niveau sept (sang) : son sang « bouillonne » et elle tente avec frénésie de caresser l'homme partout.*
- *Niveau huit (muscles) : ses muscles sont complètement relâchés. Elle mordille avec gourmandise et agrippe frénétiquement les mamelons de son compagnon.*
- *Niveau neuf (tout le corps) : elle s'effondre et connaît une sorte de « petite mort » qui la laisse complètement abandonnée dans les bras de son partenaire.*

DÉCOUVRIR D'AUTRES NIVEAUX DE PLAISIR

La majorité des femmes occidentales ont fait l'expérience des quatre premiers niveaux. Pour que la femme puisse atteindre les cinq suivants, son partenaire doit continuer à la stimuler même après l'orgasme : il ne doit pas s'arrêter.

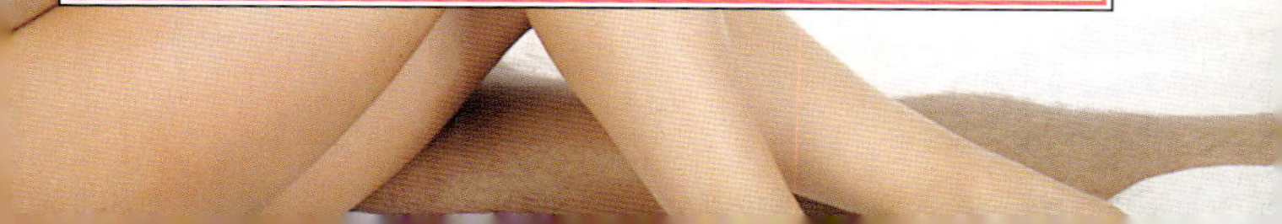

PROLONGER LE PLAISIR

LES TAOÏSTES CROIENT qu'il est préférable de prolonger la durée des ébats amoureux de manière à bien faire le plein d'énergie sexuelle. Cependant, lorsque chaque petit bout de votre chair se presse et se frotte contre la peau de votre partenaire, il arrive que l'excitation soit trop grande. Sans rien ôter à l'importance de vos désirs ou à la « noblesse » de vos sentiments, une séance d'activités sexuelles exacerbées connaîtra inévitablement une fin non moins délicieuse. Pour parer à cette éventualité, les taoïstes ont mis au point l'exercice Jen-Mo : une méthode permettant à l'homme de retenir son orgasme en « injaculant » sa semence.

LE PLAISIR CONTINU
La technique Jen-Mo vous aide à demeurer au sommet de l'extase le plus longtemps possible.

LA TECHNIQUE DU POINT JEN-MO

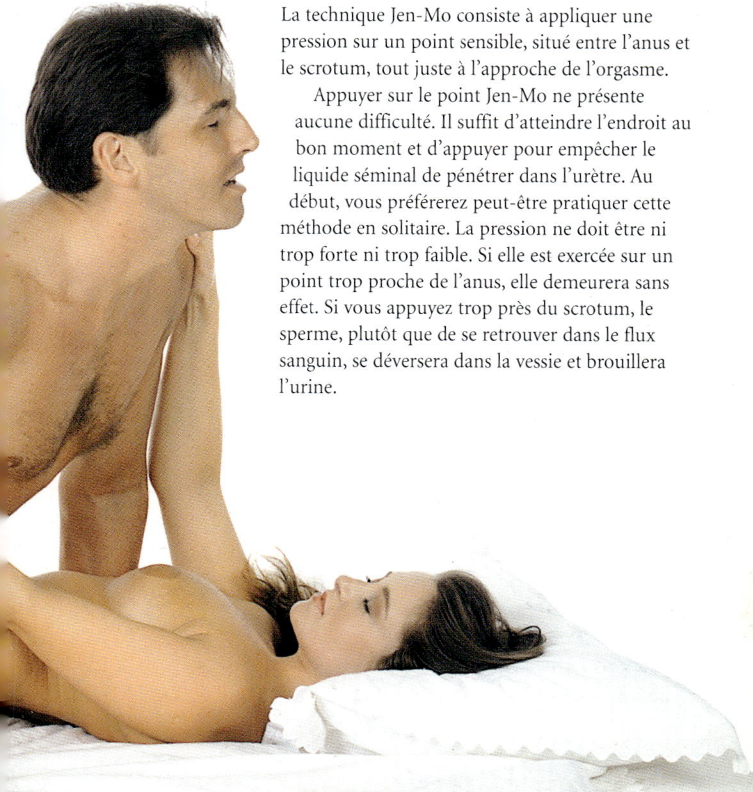

La technique Jen-Mo consiste à appliquer une pression sur un point sensible, situé entre l'anus et le scrotum, tout juste à l'approche de l'orgasme.

Appuyer sur le point Jen-Mo ne présente aucune difficulté. Il suffit d'atteindre l'endroit au bon moment et d'appuyer pour empêcher le liquide séminal de pénétrer dans l'urètre. Au début, vous préférerez peut-être pratiquer cette méthode en solitaire. La pression ne doit être ni trop forte ni trop faible. Si elle est exercée sur un point trop proche de l'anus, elle demeurera sans effet. Si vous appuyez trop près du scrotum, le sperme, plutôt que de se retrouver dans le flux sanguin, se déversera dans la vessie et brouillera l'urine.

LA RETENUE… AVEC RETENUE

Malgré la croyance ancienne voulant que l'expulsion des fluides corporels se traduise par une perte d'énergie, j'ai tendance à croire qu'il n'est pas bon de faire continuellement monter la tension sexuelle sans lui permettre de se décharger. À mon sens, l'énergie sexuelle équivaut à l'énergie corporelle et à ce titre, l'énergie doit être évacuée. Par conséquent, ne vous retenez pas trop longtemps et accordez-vous le droit de jouir complètement. Mis à part le fait de nuire à votre propre satisfaction, le choix de ne pas éjaculer pourrait blesser votre compagne, qui risquerait d'interpréter ce geste comme un refus d'abandon de votre part. Mieux vaut éviter de créer des tensions dans le couple lorsque l'on vise la bonne entente sexuelle.

L'AIDE DE VOTRE COMPAGNE
En utilisant la technique Jen-Mo (décrite à la page précédente), votre compagne peut vous aider à retenir votre éjaculation et à prolonger ainsi votre plaisir mutuel.

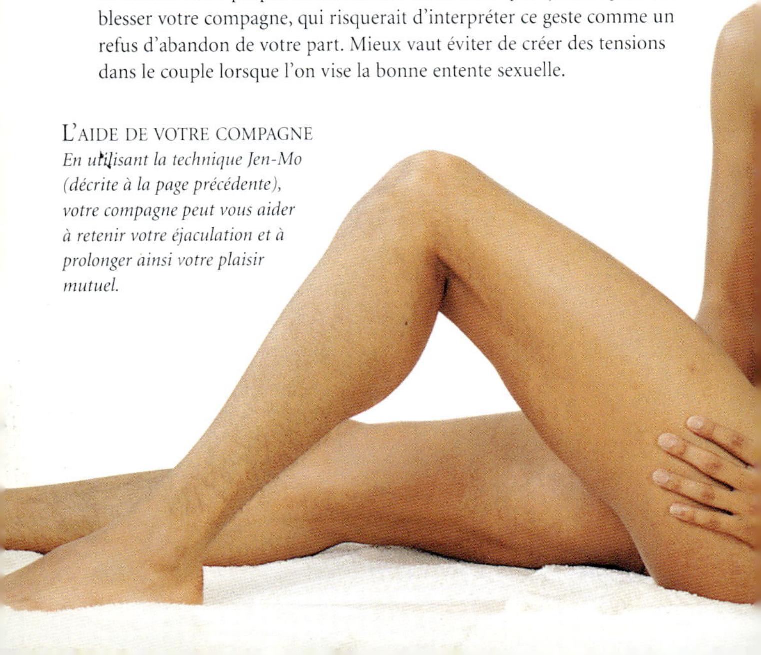

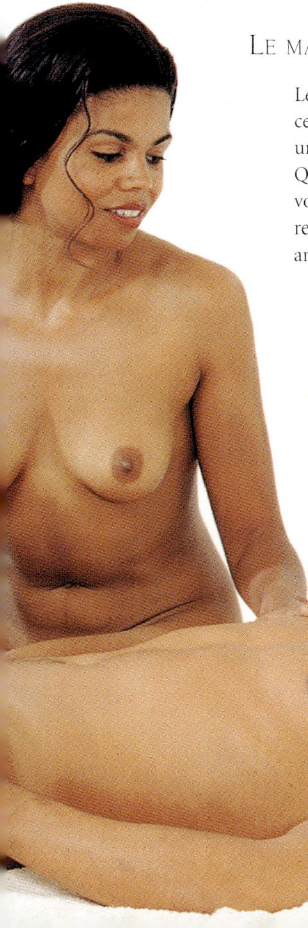

LE MAINTIEN DE L'ÉRECTION

Les techniques servant à retenir l'éjaculation, telle celle qui est décrite ci-dessous, peuvent provoquer un arrêt d'érection pour une courte période. Quelques stimulations, de préférence faites par votre compagne, vous permettront toutefois de revenir à la normale et de poursuivre vos jeux amoureux en faisant le plein d'énergie.

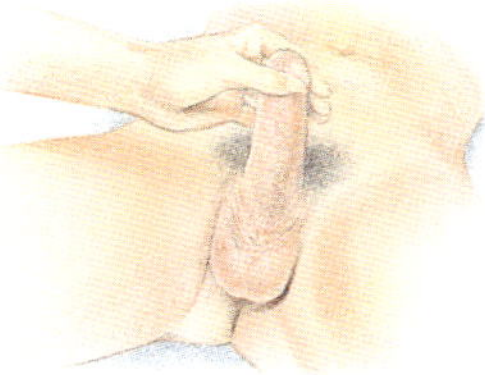

LA COMPRESSION

Pour empêcher l'éjaculation, appuyez avec le pouce juste au dessous du gland.

DE L'ÉNERGIE POUR UNE JOURNÉE

NOUS CONSACRONS TRÈS PEU DE TEMPS au bien-être de notre corps. Pourtant, nous devrions tous prendre soin de nous plus souvent. Je vous propose ici une séance de caresses qui, si elle a lieu une fois par semaine, se traduira par une énergie nouvelle et une plus grande tranquillité d'esprit.

LE RÉVEIL

Prenez le temps de bien vous réveiller, blottis l'un contre l'autre pendant au moins 15 minutes. Prenez plaisir à sentir la présence et l'odeur de l'autre. Si d'habitude vous sautez hors du lit prestement pour remettre immédiatement les couvertures à leur place, surtout n'en faites rien.

PREMIÈRE ÉTAPE

Après un bon petit déjeuner léger et une toilette rapide, asseyez-vous l'un près de l'autre, en vous faisant face. Pendant environ 15 minutes, caressez-vous lentement en décrivant des mouvements circulaires. Ne touchez ni aux seins ni aux organes génitaux. Faites une petite pause, puis répétez l'exercice pendant 15 autres minutes. Après cette première étape, allongez-vous tous les deux sans dire mot, en cuillers, pour savourer le contact avec l'autre. Essayez d'entendre les battements de vos cœurs.

LA PROXIMITÉ DE L'AUTRE
Il ne suffit pas de vous asseoir l'un près de l'autre – il faut vous rapprocher. Concentrez-vous et savourez la présence de l'autre.

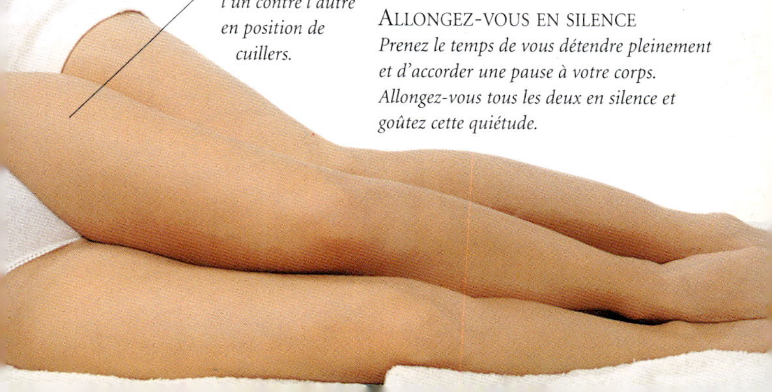

Blottissez-vous l'un contre l'autre en position de cuillers.

ALLONGEZ-VOUS EN SILENCE
Prenez le temps de vous détendre pleinement et d'accorder une pause à votre corps. Allongez-vous tous les deux en silence et goûtez cette quiétude.

DEUXIÈME ÉTAPE

Assis l'un en face de l'autre, caressez-vous de nouveau en incluant cette fois la poitrine. Évitez de toucher les organes génitaux. Reposez-vous.

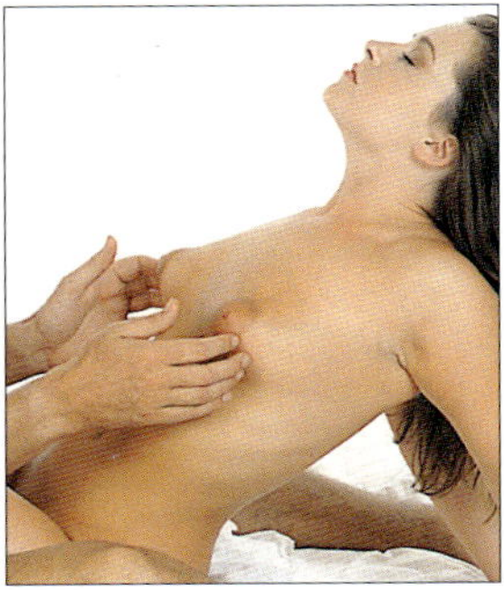

MANŒUVRE HABILE
Variez le rythme et la pression de votre mouvement pour donner à la poitrine de votre partenaire un massage très sensuel.

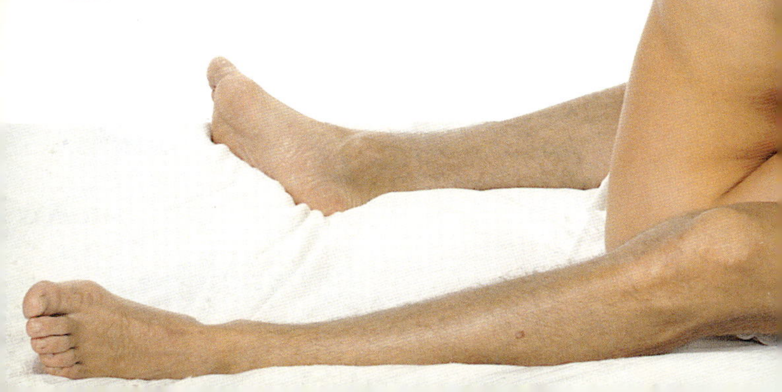

DU PLAISIR POUR LUI

La poitrine et les mamelons de l'homme réagissent très bien à la stimulation orale et manuelle.

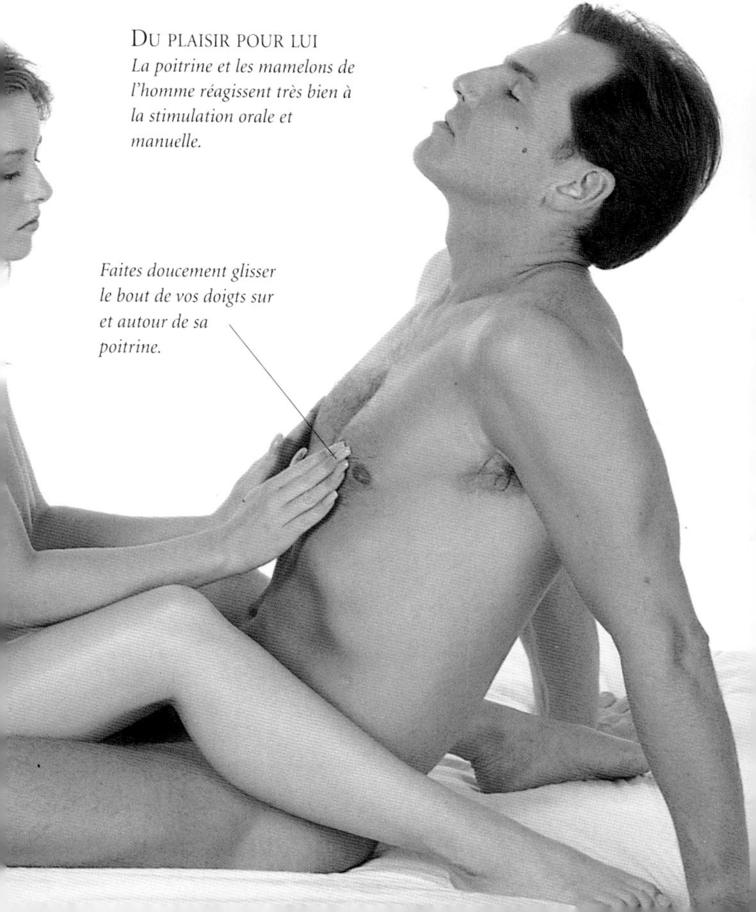

Faites doucement glisser le bout de vos doigts sur et autour de sa poitrine.

AJOUTER DU PIQUANT
Amenez le massage à son point culminant en faisant glisser vos mains doucement et langoureusement vers la région génitale que vous couvrirez en entier de douces et longues caresses.

TROISIÈME ÉTAPE

Poursuivez le massage en incluant cette fois-ci les organes génitaux. Par des mouvements lents et insistants, promenez les doigts autour et en dessous du sexe de votre partenaire. L'objectif ici n'est pas de l'amener jusqu'à l'orgasme. Reposez-vous de nouveau.

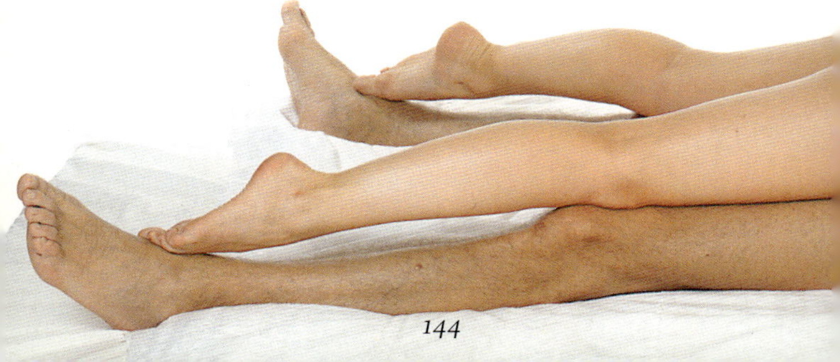

ÉTAPE FINALE

Continuez le massage pendant au moins une heure en vous attardant à la région génitale cette fois. Prenez ensuite une pause de cinq minutes. Allongez-vous maintenant l'un sur l'autre (votre compagne sur vous), sans bouger, votre pénis dans le vagin de votre partenaire, jusqu'à ce que le pénis ne soit plus en érection. Reposez-vous alors l'un contre l'autre, en position de cuillers.

Répétez la dernière étape, en vous accordant cette fois le plaisir suprême de l'orgasme.

Si vous prenez tout votre temps, ce programme peut se poursuivre toute une journée. Si vous le désirez, vous pouvez intercaler un repas léger pris à l'extérieur. S'il vous reste encore un moment de liberté dans l'après-midi, allez vous promener. Surtout, évitez les rencontres intempestives et savourez pleinement ce moment privilégié.

Caressez-vous en demeurant allongés l'un contre l'autre.

UNE TRÈS GRANDE INTIMITÉ

Ce programme fait naître un sentiment incomparable de grande intimité.

Les positions sexuelles

Il existe quantité de positions sexuelles dont vous pouvez faire l'essai. Découvrez celles qui vous conviennent le mieux ainsi qu'à votre couple. Les meilleures positions sexuelles ont toujours fait l'objet d'une attention très particulière. Qu'on songe aux classiques des littératures indienne et arabe que sont le *Kama Sutra* et le *Jardin parfumé* où l'on trouve toutes les variantes imaginables du coït. Les pages qui suivent décrivent quelques-unes des meilleures positions répertoriées dans ces œuvres.

FAIRE L'AMOUR

IL EXISTE DES POSITIONS SEXUELLES qui induisent tant d'électricité que vous vous retrouvez chargé à bloc ; l'énergie s'exprime alors par la chaleur que vous dégagez. Les relations les plus euphorisantes sont celles où deux corps brûlants se rencontrent, transformant les amants en deux météores incandescents qui semblent s'anéantir en une explosion cosmique.

LE BON CHOIX

Évidemment, pour atteindre de tels sommets, il faut être en forme. Il arrive parfois que l'énergie générée doive faire place à la conservation d'énergie. Pour les gens plus âgés ou les amants peu sportifs, la conservation d'énergie doit devenir une priorité. C'est pourquoi cette partie présente à la fois des méthodes qui engendrent un maximum d'énergie et des positions qui favorisent la conservation de l'énergie

Servez-vous de vos jambes pour attirer vers vous votre partenaire.

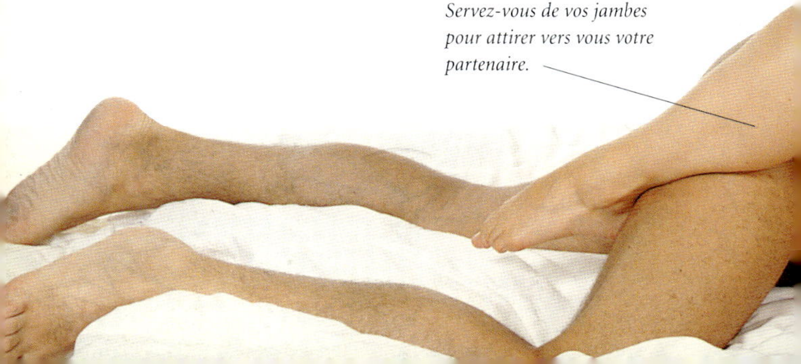

Se faire plaisir

Si vous avez déjà fait l'expérience des techniques de massage et autres préliminaires décrits précédemment, vous voudrez peut-être intégrer certaines de ces activités aux positions sexuelles décrites plus loin. Rappelez-vous toutefois qu'il n'existe pas de règle en matière sexuelle. En définitive, c'est vous qui décidez de ce dont vous avez envie. Ne vous croyez jamais obligé de feindre simplement parce que vous pensez devoir le faire.

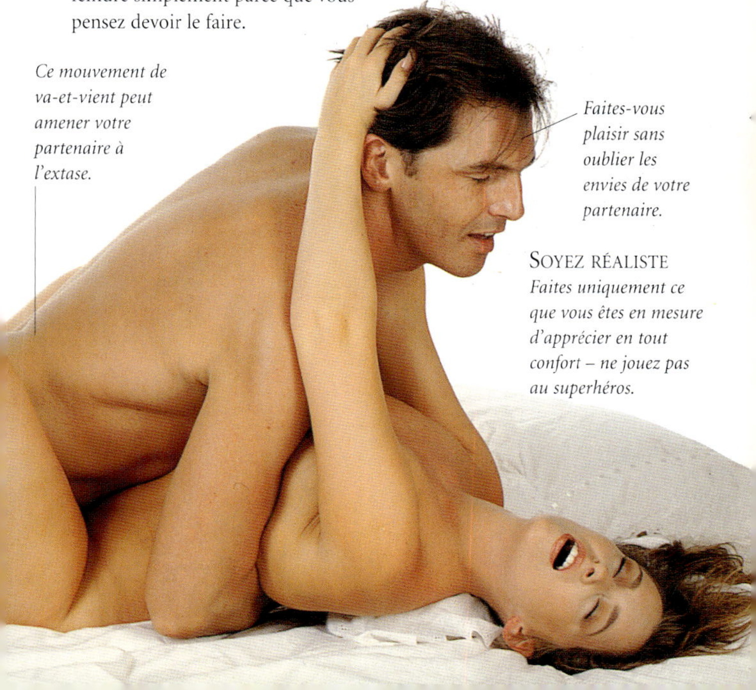

Ce mouvement de va-et-vient peut amener votre partenaire à l'extase.

Faites-vous plaisir sans oublier les envies de votre partenaire.

Soyez réaliste
Faites uniquement ce que vous êtes en mesure d'apprécier en tout confort – ne jouez pas au superhéros.

LES POSITIONS « ELLE SUR LUI »

LA SENSATION DE DEUX CORPS qui se fondent est hautement sensuelle. Certaines des plus grandes extases sont atteintes lorsque les deux corps se pressent pleinement l'un contre l'autre. Nous vous proposons comme entrée en matière quelques positions plus athlétiques qui permettent à la femme d'accumuler sa tension sexuelle avant de passer à un contact plus total. Les positions les plus stimulantes sont celles qui concentrent la tension dans la région pelvienne et l'accroissent grâce à des manœuvres sexuelles verticales de plus en plus excitantes.

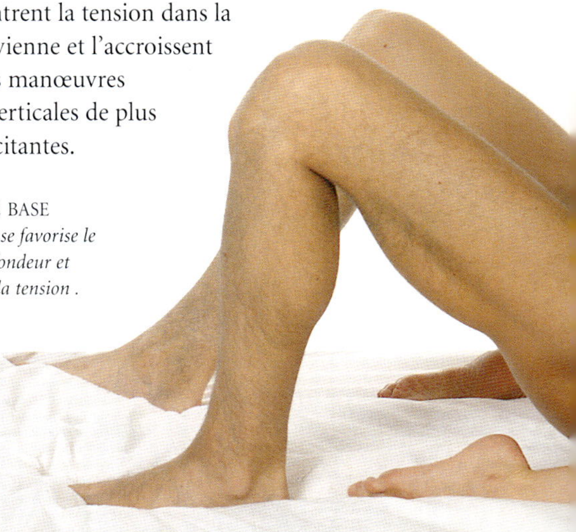

LA POSITION DE BASE
Cette posture de base favorise le va-et-vient en profondeur et l'accumulation de la tension .

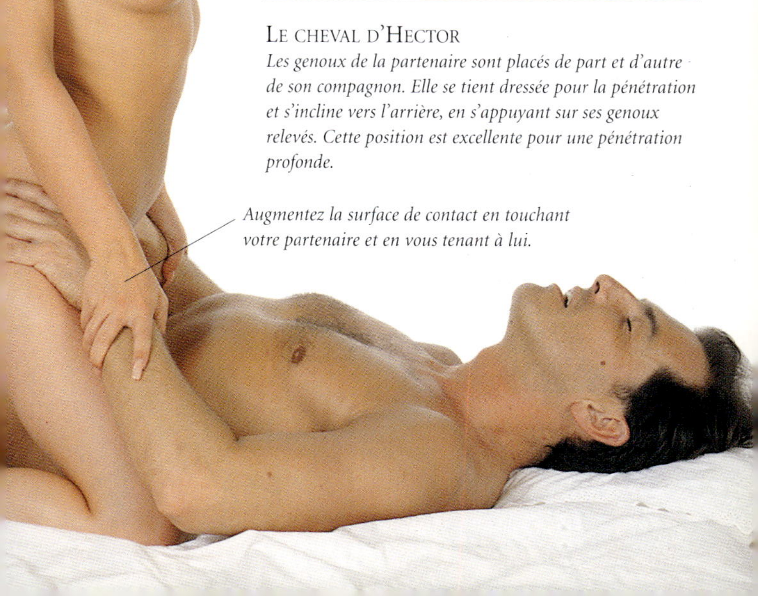

LE CHEVAL D'HECTOR

Les genoux de la partenaire sont placés de part et d'autre de son compagnon. Elle se tient dressée pour la pénétration et s'incline vers l'arrière, en s'appuyant sur ses genoux relevés. Cette position est excellente pour une pénétration profonde.

Augmentez la surface de contact en touchant votre partenaire et en vous tenant à lui.

LE FACE-À-FACE

Dans cette position, en s'appuyant sur les mains, elle s'« assied » sur le pénis de son partenaire, les jambes vers ses épaules, ou même par-dessus.

LE CONTACT AMOUREUX

En vous étendant de tout votre long sur lui, vous pouvez lui démontrer votre désir avec votre corps tout entier.

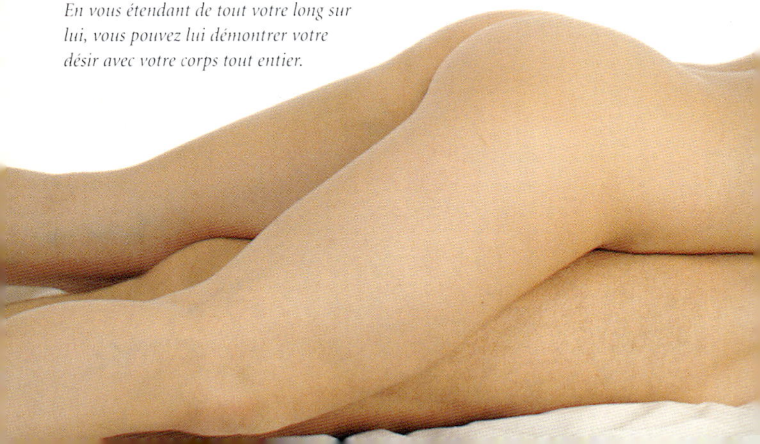

LE PLAISIR DE VOTRE PARTENAIRE

Utilisez vos mains, vos lèvres, vos cheveux et vos seins pour susciter chez lui une explosion de sensations qui affecteront plus que la seule région génitale. Une femme qui chevauche un homme exerce sur lui une maîtrise des sens telle qu'elle contribue à l'excitation de son partenaire.

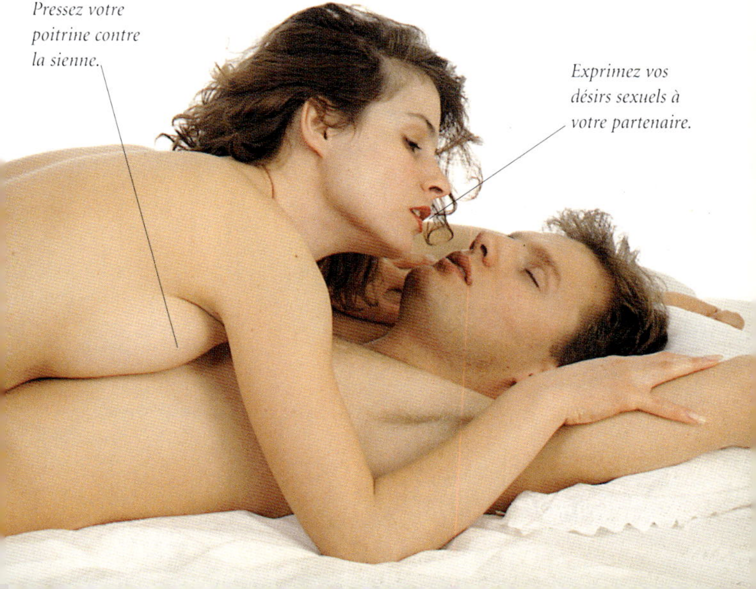

PRENDRE L'INITIATIVE

L'acte sexuel change de rythme quand c'est la femme qui assume le premier rôle. Cela lui permet de prendre en charge sa propre stimulation et de donner à l'échange de nouvelles orientations. Émoustillez votre partenaire en le laissant espérer une pénétration imminente, mais en esquivant celle-ci à la dernière minute au moment où son gland commence à vous pénétrer.

Dans l'érotisme féminin, les positions « elle sur lui » permettent à la femme d'accorder à son clitoris toute l'attention qu'il mérite, en orientant avec précision la position et la direction des poussées.

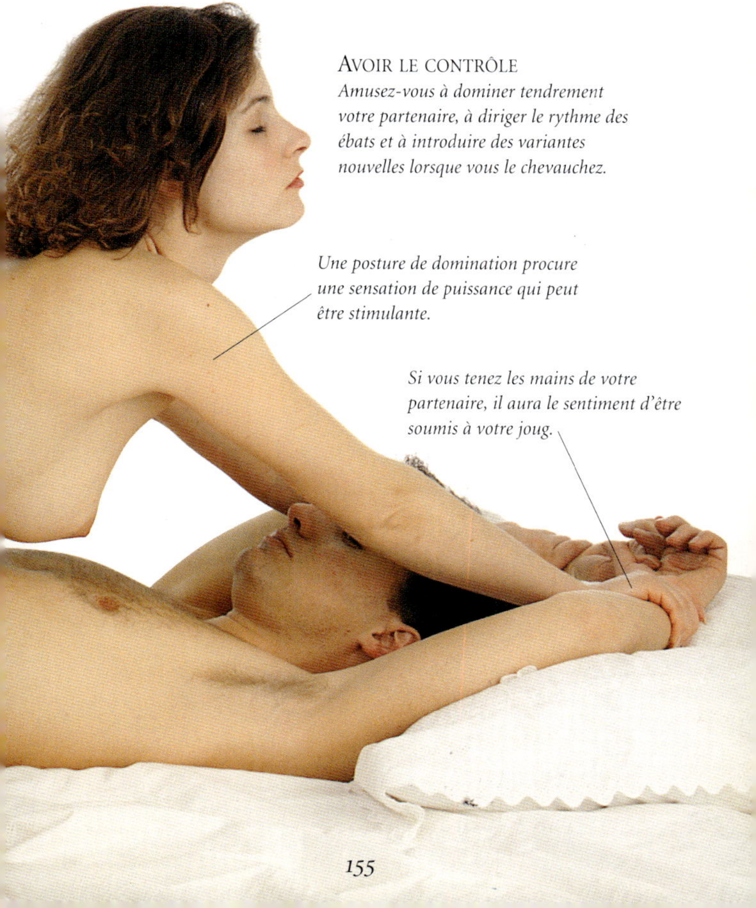

AVOIR LE CONTRÔLE

Amusez-vous à dominer tendrement votre partenaire, à diriger le rythme des ébats et à introduire des variantes nouvelles lorsque vous le chevauchez.

Une posture de domination procure une sensation de puissance qui peut être stimulante.

Si vous tenez les mains de votre partenaire, il aura le sentiment d'être soumis à votre joug.

ASSISE DE DOS

Dans cette variante, il est facile pour la femme de caresser les testicules de son partenaire.

Caressez son clitoris pendant que vous la pénétrez.

À CHEVAL RENVERSÉ

Faites pénétrer profondément le pénis de votre partenaire, vos fesses reposant sur son ventre. Renversez-vous sur lui pour garder l'équilibre.

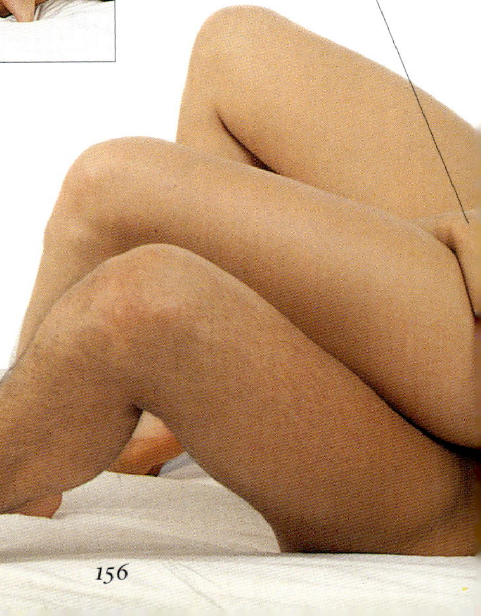

LA POSITION « ELLE ASSISE DE DOS SUR LUI »

Les positions où la femme chevauche l'homme offrent de nombreuses possibilités aux partenaires et permettent plusieurs variantes. Le chevaucher en lui tournant le dos constitue une variante hautement érotique, qui permet une pénétration profonde et donne un accès facile au clitoris.

LES POSITIONS « LUI SUR ELLE »

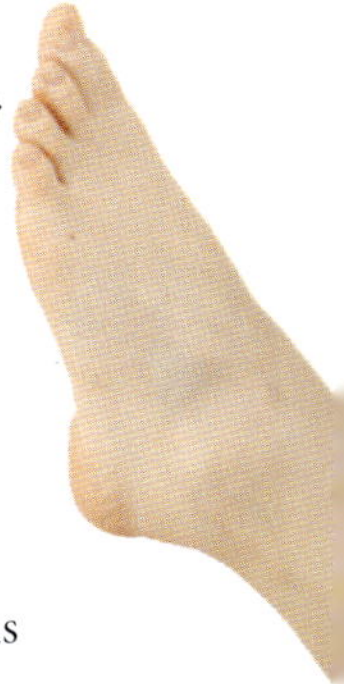

L'UN DES AVANTAGES de la position du missionnaire est de permettre un plus grand contact entre les partenaires. La proximité de l'autre est un des multiples facteurs qui contribuent à la stimulation de l'énergie sous la peau. De plus, cette position face à face facilite les démonstrations d'affection pendant l'acte sexuel. Les lèvres sont aussi des sources d'énergie ; plus elles sont embrassées, plus l'électricité circule entre les deux amoureux.

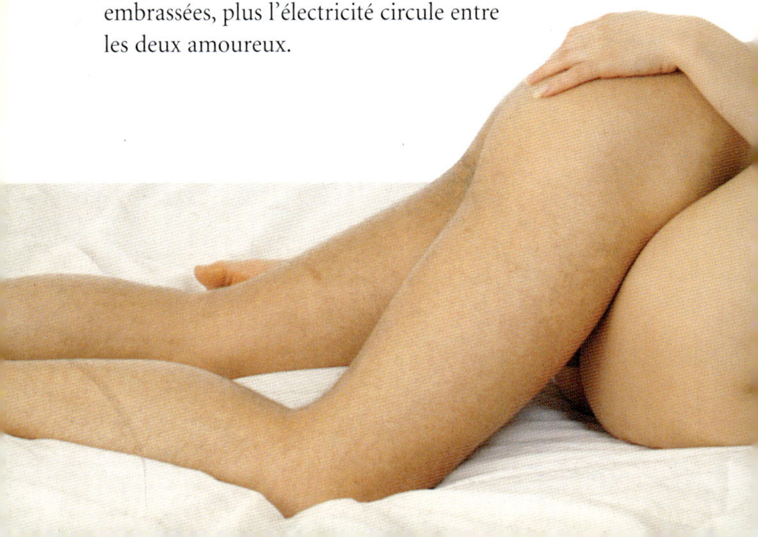

LE MISSIONNAIRE

Cette position est ainsi nommée parce que, dit-on, les missionnaires envoyés dans les colonies de l'empire insistaient pour que les convertis n'utilisent que celle-là, car c'était la seule qu'ils tenaient pour respectable et décente.

SUPPORTEZ VOTRE POIDS

Dans des positions face à face telle celle du missionnaire, votre poids peut être trop difficile à supporter pour votre partenaire. Allégez la pression en vous appuyant le plus possible sur vos bras.

FOLÂTRER
Une partie très amusante des ébats sexuels consiste à jouer à se rouler sur le lit.

VARIATIONS SUR UN MÊME THÈME

Les positions « lui sur elle » comptent un nombre impressionnant de variantes possibles. Dans la plupart, c'est la position des jambes de la femme qui diffère. Par exemple, elles peuvent être tendues pour emprisonner l'homme et augmenter ainsi la friction. Elles peuvent aussi envelopper le corps de l'homme ou être relevées contre sa poitrine, permettant alors une pénétration plus profonde.

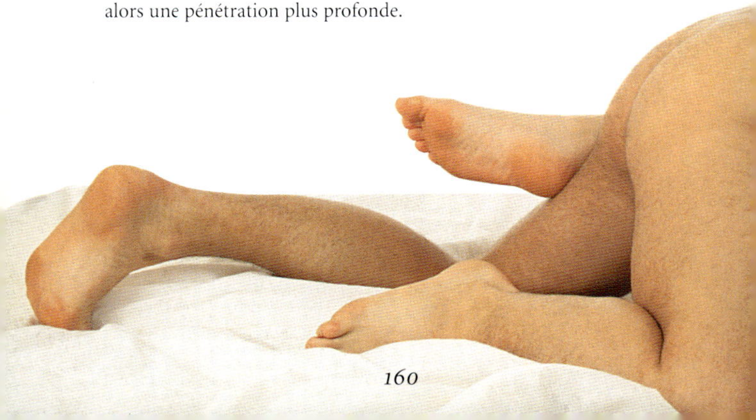

LE CONFORT AVANT TOUT

Essayez ces positions sur des surfaces douces et confortables, et prévenez les irritations dues à des tissus rêches.

ALLER EN PROFONDEUR

Relever au moins une des jambes facilite une pénétration profonde.

Appuyez-vous sur les bras.

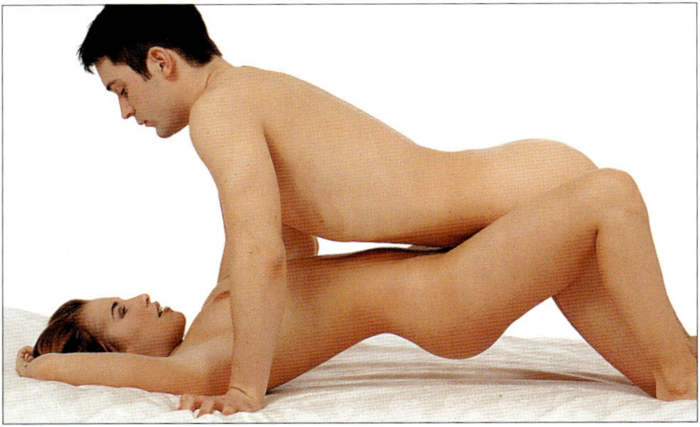

DES PAROLES EXCITANTES

Cette position face à face favorise la démonstration d'affection. Vous pouvez aussi exciter votre partenaire par des paroles et des regards suggestifs.

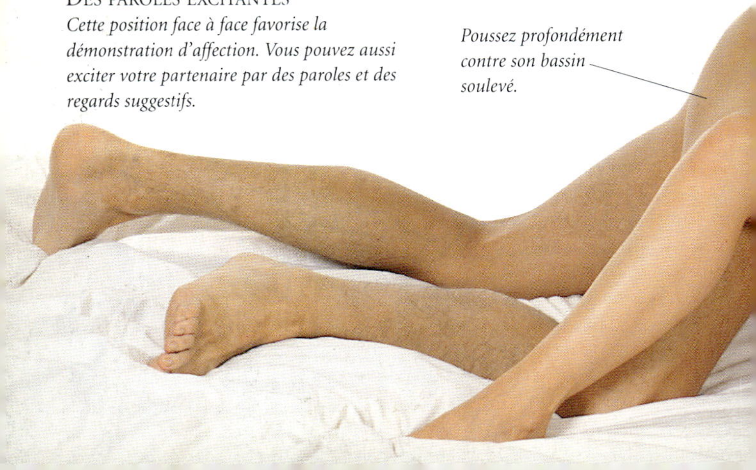

Poussez profondément contre son bassin soulevé.

DÉMONSTRATIONS D'AFFECTION

Peu importe qui est dessus ou dessous, un des plus grands avantages des positions face à face est de permettre l'échange de gestes, de paroles, de baisers et de regards amoureux.

Attirez votre partenaire à vous quand vous poussez les hanches vers le haut.

DES CARESSES « VERBALES »
Des paroles douces et aimantes pendant les ébats raviront votre partenaire.

AVEC TOUS LES ÉGARDS

La femme est très vulnérable dans cette position. L'homme doit se montrer doux et prévenant.

Repoussez ses jambes aussi loin qu'elle peut le supporter.

LA PÉNÉTRATION PROFONDE

Pour faciliter une pénétration plus profonde dans une position « lui sur elle », étendez-vous sur le dos et relevez les genoux vers le menton. Quand il vous pénètre, vos pieds sont de chaque côté de sa tête. Cette position ne s'adresse qu'aux femmes souples et en bonne forme physique, qui ne souffrent pas du dos. À cause de la profondeur de la pénétration, l'homme doit veiller à ne pas vous blesser et se montrer attentif lors des poussées. Avec un peu de prudence, le va-et-vient profond peut être extrêmement érotique.

EXALTER LES SENSATIONS

Accroissez le plaisir de votre partenaire par des massages et des caresses du dos des cuisses, de la vulve et du clitoris, plus accessibles quand ses jambes sont dans cette position.

LES POSITIONS CÔTE À CÔTE

CHEZ LA PERSONNE QUI CHEVAUCHE L'AUTRE, les ébats sexuels font dépenser de l'énergie et exigent beaucoup de force. Les couples peuvent économiser un peu d'énergie en adoptant des positions moins astreignantes. Faire l'amour côte à côte est plus reposant. Étendez-vous face à face, en ciseaux ou en cuillers (les jambes droites ou recourbées). La position côte à côte permet de se servir de ses cuisses avec plus de force et d'augmenter ainsi la stimulation du pénis et du vagin.

PIANISSIMO
Les positions côte à côte sont parfaites pour faire l'amour avec douceur et lenteur.

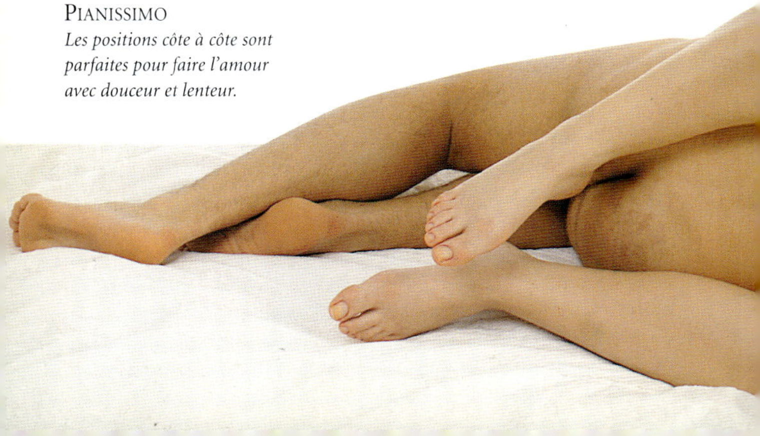

LES JOIES DE LA DIVERSITÉ

Tout comme la position du missionnaire, les positions côte à côte offrent plusieurs possibilités. Ci-contre, la femme passe une jambe autour du dos de son partenaire, et l'autre entre ses jambes. Cela permet au couple de varier la profondeur de la pénétration.

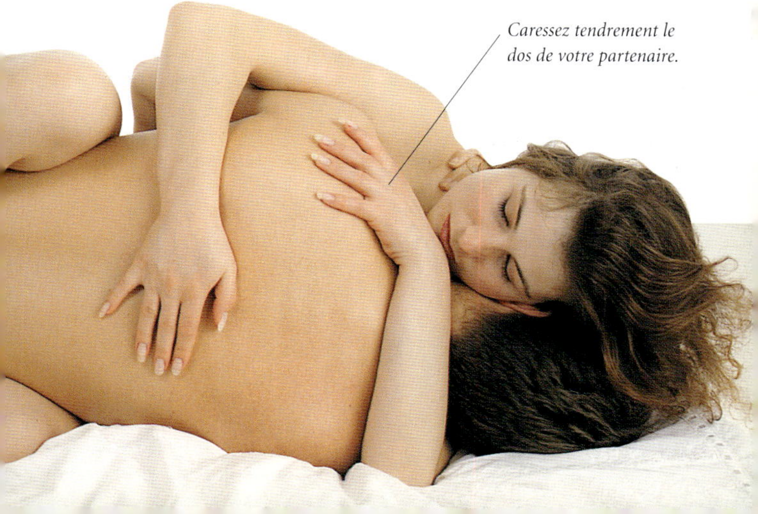

MODIFIER LE RYTHME

Dans la plupart des positions côte à côte, l'homme peut mieux gérer la profondeur et la vitesse de ses poussées, car il est bien appuyé sur un côté.

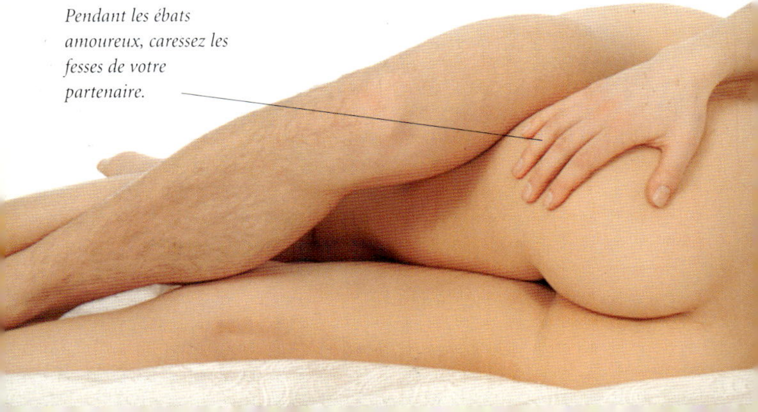

Pendant les ébats amoureux, caressez les fesses de votre partenaire.

L'AMOUR TENDRE CÔTE À CÔTE

Faire l'amour étendus sur le côté offre plusieurs possibilités. Dans cette position, vous n'êtes pas écrasé par le poids de l'autre. En variant souvent la position de vos jambes, vous modifiez l'angle et la profondeur de la pénétration tout en jouissant de l'intimité que procure ce face-à-face.

Caressez tendrement la nuque de votre partenaire.

SATISFACTION GARANTIE

L'amour côte à côte procure d'intenses satisfactions grâce au face-à-face libéré de la pression que provoquent les positions « dessus-dessous ».

L'AMOUR TENDRESSE

Tirez le maximum de la proximité suscitée par les positions côte à côte. Exprimez vos sentiments et votre affection à votre partenaire. Dites-lui ce que vous ressentez en lui faisant l'amour. Ces échanges intimes vous rapprocheront l'un de l'autre et augmenteront l'érotisme de l'expérience.

BAISERS ET CARESSES

Faire l'amour côte à côte vous donne la possibilité d'enrichir les échanges par de multiples baisers et caresses.

Caressez ses bras pour augmenter la sensation d'intimité.

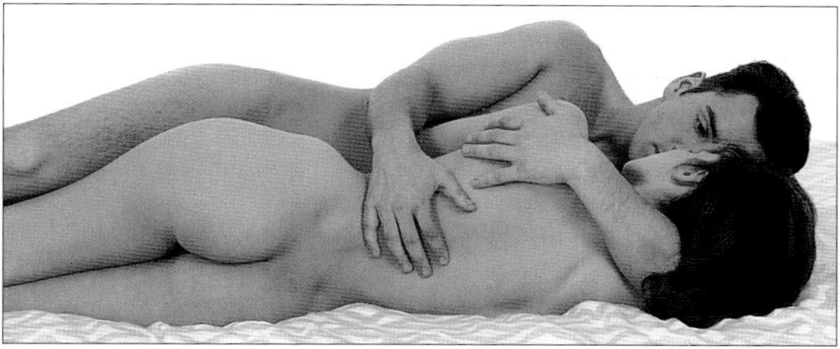

Serrez fortement les cuisses autour de votre partenaire pour le stimuler davantage.

PARLEZ-EN

Valorisez l'intimité accrue que procure cette position en partageant vos émotions avec votre partenaire.

LES POSITIONS ASSISES

MÊME SI LES POSITIONS ASSISES ne constituent pas la façon la plus rapide d'atteindre l'orgasme, elles favorisent le même face-à-face intime que les positions sur le côté. Aucun partenaire n'a besoin d'assumer un rôle dominant, et plusieurs variantes permettent de rendre ces positions amusantes et intéressantes.

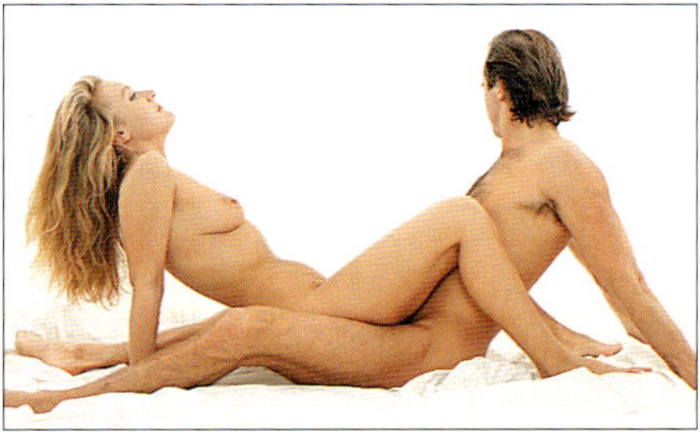

INCLINAISONS OPPOSÉES
Penchez-vous vers l'arrière et appuyez-vous sur les mains ; vos mouvements seront plus faciles.

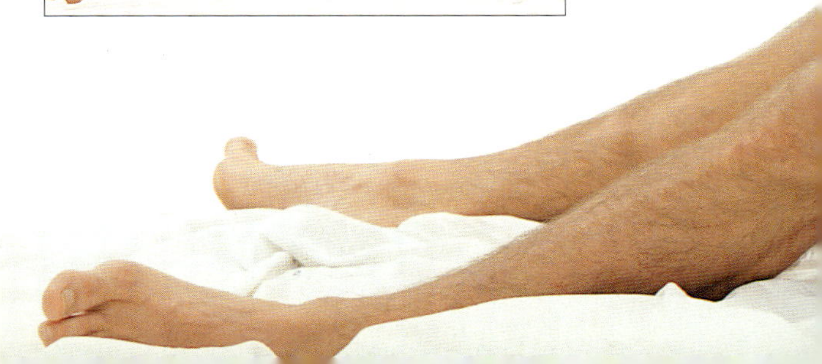

À CALIFOURCHON

Dans cette position, vous pouvez plaquer tout le haut de votre corps contre celui de votre partenaire.

Les positions assises

Assis sur une chaise, on peut folâtrer et accroître les sensations. Ainsi, il peut lui caresser le sexe du bout des doigts pendant qu'elle masse son pénis.

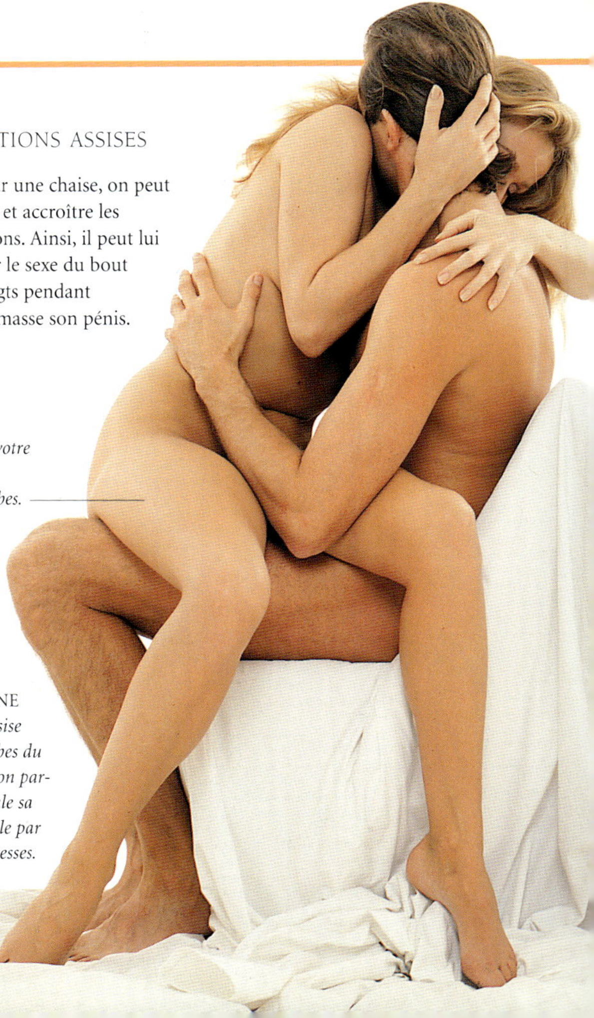

Enveloppez lascivement votre partenaire avec vos jambes.

EN AMAZONE
La femme assise les deux jambes du même côté, son partenaire stimule sa région génitale par de légères caresses.

ASSIS FACE À FACE

Si vous êtes assez souples pour adopter cette position hautement érotique, essayez la séquence suivante : commencez assis, ensuite levez-vous, poursuivez à genoux et terminez par la position « lui sur elle ».

ASSISE EN LUI TOURNANT LE DOS

L'homme ne peut bouger beaucoup dans cette position, sauf pour caresser les seins de sa partenaire. La femme peut faire porter un peu de son poids sur ses jambes et donner le rythme.

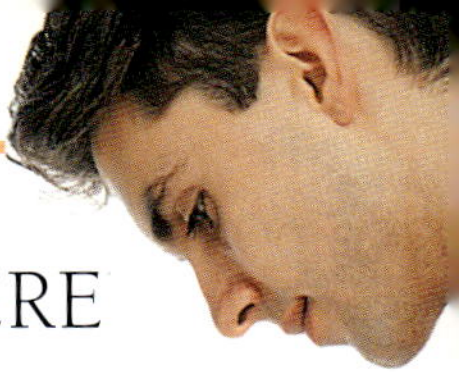

PÉNÉTRER PAR L'ARRIÈRE

La pénétration vaginale par l'arrière peut se faire en étant debout, assis, à genoux ou couchés. Cela ne signifie pas pour autant que l'homme soit dominant. Il existe plusieurs positions où la femme assume le rythme du mouvement.

LA « LEVRETTE SOUTENUE »
Dans cette position, vous pouvez écarter les jambes et présenter votre vagin offert.

Utilisez de doux oreillers pour appuyer les coudes.

Tenez fermement votre partenaire, mais sans faire porter votre poids sur elle.

ASSISE SUR LUI
Dans cette position, vous descendez sur votre partenaire assis et vous utilisez vos bras pour vous soutenir.

Levez les fesses de façon provocante, jambes écartées pour offrir à votre partenaire une vue excitante.

Le tour du dragon

Cette position offre un maximum de possibilités pour la pénétration. Il faut donc agir doucement pour ne pas causer de gêne.

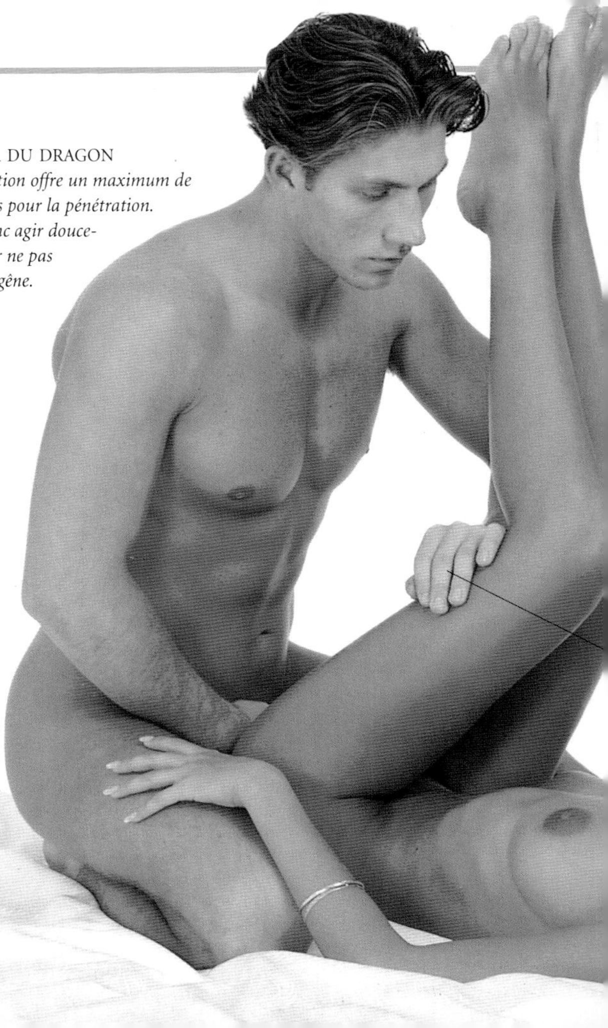

LES POSITIONS TAOÏSTES

LE LIVRE TAOÏSTE *T'ung Hsüan Tzu* décrit 26 positions pour faire l'amour. Les taoïstes considèrent l'amour comme une forme d'art. Les positions sont donc presque toutes conçues pour être esthétiquement plaisantes. Plusieurs techniques présentent des juxtapositions plutôt inhabituelles des membres et des corps, mais vous les trouverez plaisantes visuellement.

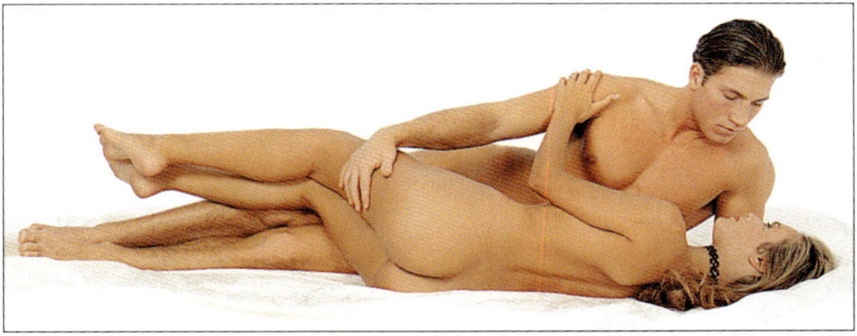

Soutenez les jambes de votre partenaire.

LES DEUX POISSONS

Les deux amants sont étendus côte à côte. Après avoir pénétré sa partenaire, l'homme relève les jambes de celle-ci sur les siennes.

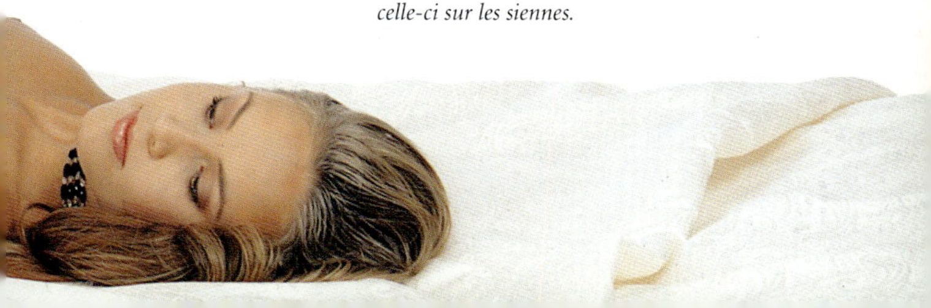

LES POSITIONS TAOÏSTES (SUITE)

LES CANARDS MANDARINS

Le nom de cette position côte à côte et par l'arrière vient de la phase d'accouplement des canards. Elle permet à l'homme de se mouvoir librement. Cette façon de pénétrer par l'arrière comporte un petit côté coquin, surtout si votre partenaire ne s'y attend pas. Par exemple, vous pourriez utiliser ce moyen surprenant et érotique pour la tirer de son sommeil.

Caressez vos seins pendant qu'il va et vient en vous.

Faites glisser vos mains le long de ses cuisses pendant vos ébats.

LES PAPILLONS EN PLEIN VOL

À moins que sa partenaire ne soit très légère, les mouvements de l'homme sont limités dans cette position. Mais celle-ci favorise le contact intime des corps.

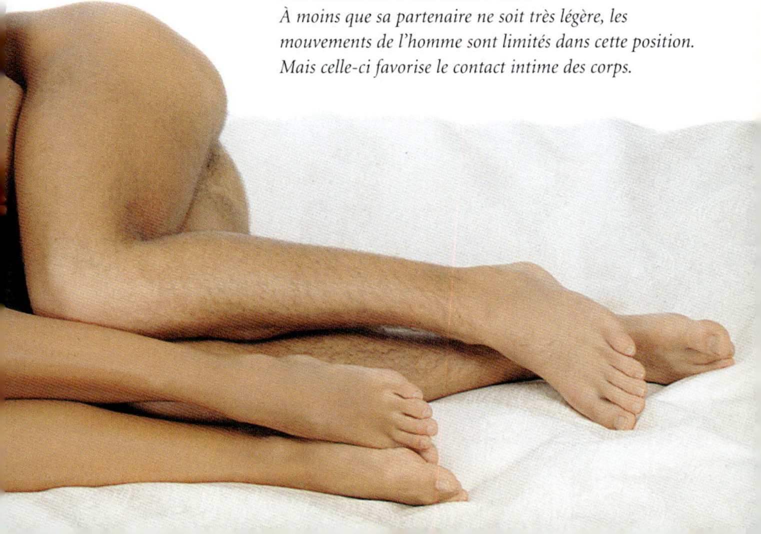

LES POSITIONS TAOÏSTES (SUITE)

LES GOÉLANDS EN VOL

Dans la plupart des positions où l'homme domine, le pénis pousse en pénétrant dans le vagin. Dans celle-ci, pénis et vagin sont parallèles et l'intérieur du vagin s'en trouve stimulé d'une façon différente.

LE SAPIN

Cette position est idéale pour les hommes dont le pénis est plus petit, car elle permet une pénétration profonde. Votre partenaire peut faire bouger son bassin vers le haut et le bas en s'aidant de ses jambes.

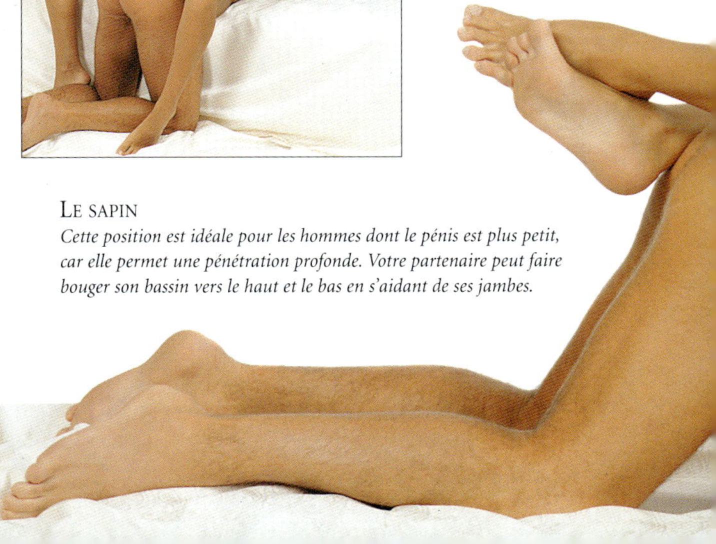

LE CHEVAL AU GALOP
Effectuez les poussées en vous cramponnant aux pieds et au cou de votre partenaire comme si vous chevauchiez un cheval sans selle en vous tenant à sa crinière et à sa queue.

Caressez-vous pour accroître la stimulation.

UN PHÉNIX EN JOIE DANS UNE CAVERNE ROUGE

Ce nom très poétique évoque la profondeur de la pénétration.

Écartez bien les jambes pour faciliter l'accès.

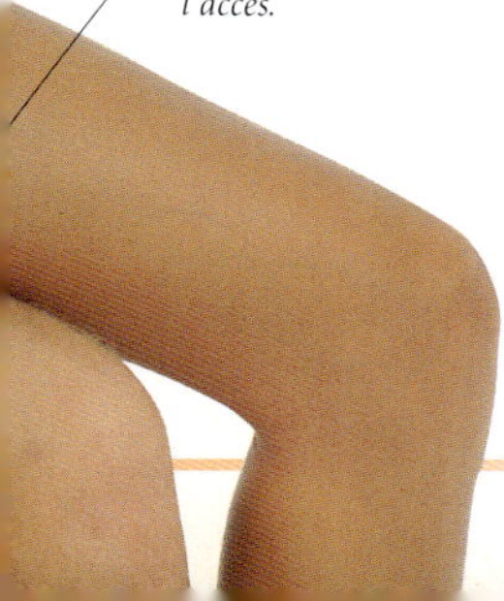

LA CHÈVRE ET L'ARBRE

Même si les mouvements de l'homme sont plutôt restreints, ses mains restent libres pour vous caresser le visage, les seins et le clitoris. Il est d'ailleurs recommandé de stimuler le clitoris, sans quoi la femme pourrait ne pas atteindre l'orgasme dans cette position.

LES TECHNIQUES EXOTIQUES

LA PLUPART DES POSITIONS DÉCRITES dans cette section sont inspirées d'un manuel intitulé *Le jardin parfumé* [trad. libre]. Ce recueil tire ses origines du xve siècle, dans une Afrique du Nord fortement dominée par les mâles. Son but premier était d'instruire les hommes sur les différentes façons d'augmenter *leur* propre plaisir sexuel. Cependant, il renferme plusieurs postures qui peuvent enrichir l'expérience des deux partenaires.

INSPIRER L'AFFECTION

Le jardin parfumé *mentionne à quel point il est important de gagner l'affection de la femme. De nos jours, cela devrait être le premier objectif des deux partenaires.*

LES VIGNES ENLACÉES

Les ébats se prolongeront plus facilement si le couple est allongé, la femme passant l'une de ses jambes entre celles de l'homme.

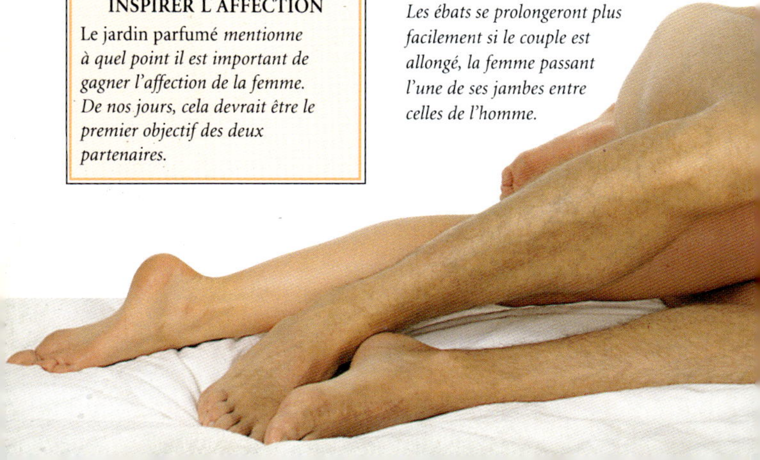

LA PREMIÈRE POSITION
Dans cette position, les hommes dotés d'un long pénis peuvent ajuster la profondeur de leur poussée pour ne pas causer de gêne à leur partenaire.

Caressez lentement et à votre gré la partenaire.

LES TECHNIQUES EXOTIQUES (SUITE)

CELUI QUI RESTE À LA MAISON

Étendue sur le dos, la femme contracte et élève ses fesses. Elle ondule des hanches en remontant. Son partenaire suit ses moindres mouvements, en veillant à ne pas laisser son pénis ressortir.

Laissez vos épaules porter votre poids en vous appuyant sur de doux oreillers.

La grenouille

Cette position est très originale. Aucun des deux partenaires ne peut bouger beaucoup, mais, curieusement, elle donne un sentiment de sécurité, de confort et d'intimité.

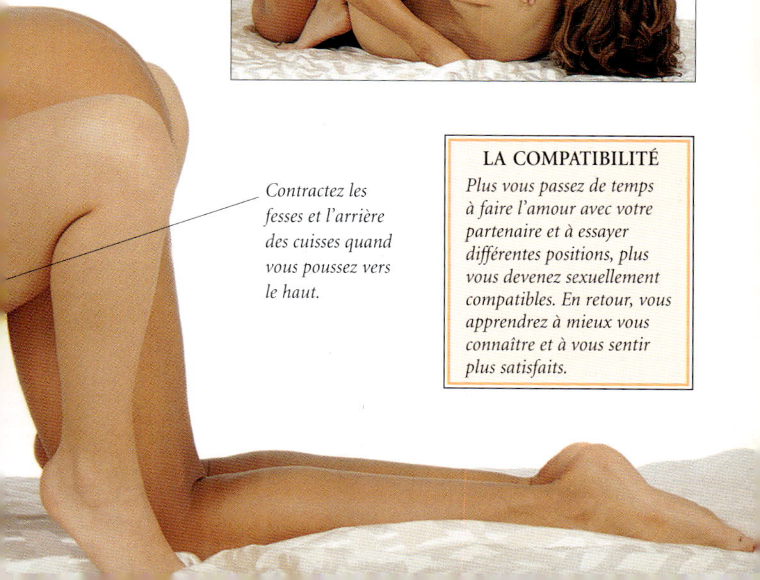

Contractez les fesses et l'arrière des cuisses quand vous poussez vers le haut.

LA COMPATIBILITÉ

Plus vous passez de temps à faire l'amour avec votre partenaire et à essayer différentes positions, plus vous devenez sexuellement compatibles. En retour, vous apprendrez à mieux vous connaître et à vous sentir plus satisfaits.

LES TECHNIQUES EXOTIQUES (SUITE)

Poussez avec vos fesses et vos hanches pour faire opposition aux poussées du bassin de votre partenaire.

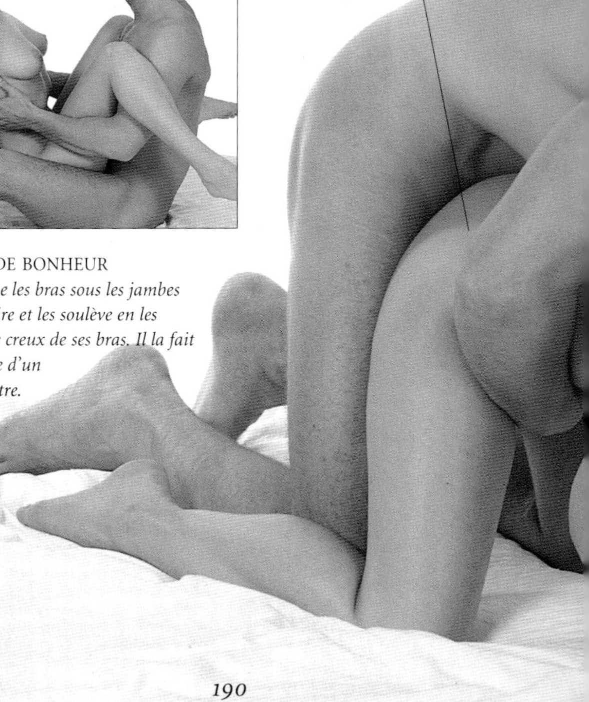

À HURLER DE BONHEUR

L'homme passe les bras sous les jambes de sa partenaire et les soulève en les tenant dans le creux de ses bras. Il la fait bouger ensuite d'un côté et de l'autre.

Passez votre bras autour de votre partenaire de façon à pouvoir caresser ses parties génitales.

Concentrez-vous sur les sensations que vous éprouvez pendant vos poussées.

LA SIXIÈME POSITION

Quand un homme pénètre une femme par-derrière, il a l'avantage de pouvoir facilement atteindre son clitoris et la stimuler jusqu'à l'orgasme.

LES TECHNIQUES EXOTIQUES (SUITE)

LA DIXIÈME POSITION
En réalité, la femme tient le rôle dominant dans cette position, car c'est elle qui a l'initiative des mouvements et l'homme doit y répondre.

PROLONGER LE PLAISIR
La position du missionnaire offre de multiples possibilités. Ici, elle est agrémentée par le fait que l'homme tire doucement ses testicules vers le bas afin de retarder son orgasme et faire durer le plaisir.

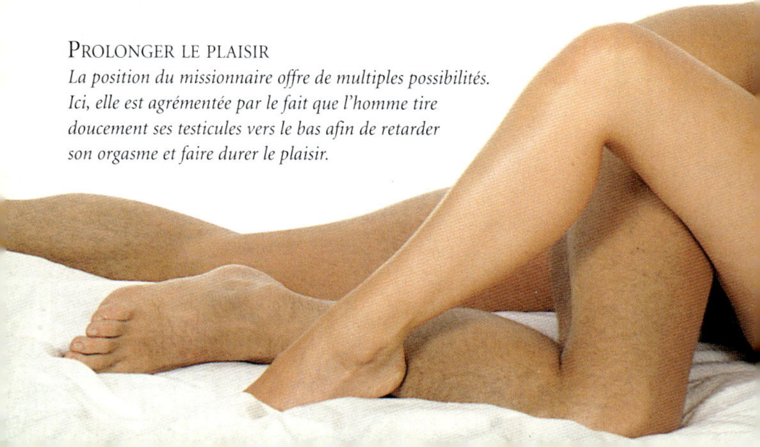

LES MOUVEMENTS DE L'AMOUR

Toutes les positions minutieusement détaillées dans Le jardin parfumé *se basent sur onze mouvements de pénétration conçus pour ajouter autant de variété que possible.*

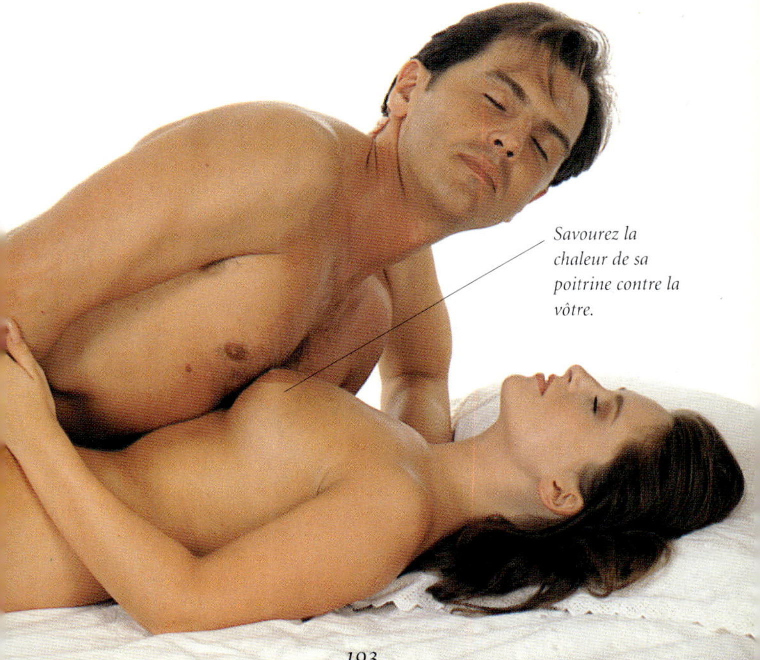

LES STIMULATIONS POUR LUI

PENDANT L'AMOUR, une femme peut accroître considérablement le plaisir de son partenaire en utilisant ses mains et ses doigts pour le stimuler encore plus. Pour ce faire, utilisez ce que vous avez appris de vos séances de plaisirs manuels réciproques.

LA MASTURBATION PENDANT LES ÉBATS

Il est plus difficile de caresser le pénis de votre partenaire quand il vous pénètre. Mais si vous connaissez un toucher qui le rend fou d'excitation, essayez de l'incorporer aux ébats.

DOUBLER LE PLAISIR
Quand vous chevauchez votre partenaire en lui tournant le dos, il vous est facile d'agripper la base de son pénis et de la serrer pendant qu'il vous pénètre.

GARDEZ UNE MAIN LIBRE

Avant de vous laisser pénétrer par l'arrière, à genoux ou penchée, demandez à votre partenaire de vous soutenir fermement pour que vous ayez une main libre avec laquelle vous pourrez le caresser.

De votre main libre, caressez-lui les fesses pendant qu'il vous pénètre.

LES STIMULATIONS DU COÏT

La qualité des ébats sexuels peut augmenter considérablement si vous les agrémentez de massages sensuels et de stimulations manuelles. Plusieurs positions favorisent la jonction des mains et des organes génitaux. Certes, d'autres parties du corps réagiront aussi sensuellement au toucher.

Pressez régulièrement la base de son pénis pendant qu'il va et vient en vous.

LES POSITIONS À GENOUX

Quand votre partenaire est redressé et non étendu, il vous est facile de saisir son pénis et de le caresser.

DES PLAISIRS TRÈS INTIMES

Quand vous chevauchez votre partenaire, comme l'indique la photo, il vous est facile de vous renverser pour caresser d'un doigt le bord de son anus et stimuler son périnée.

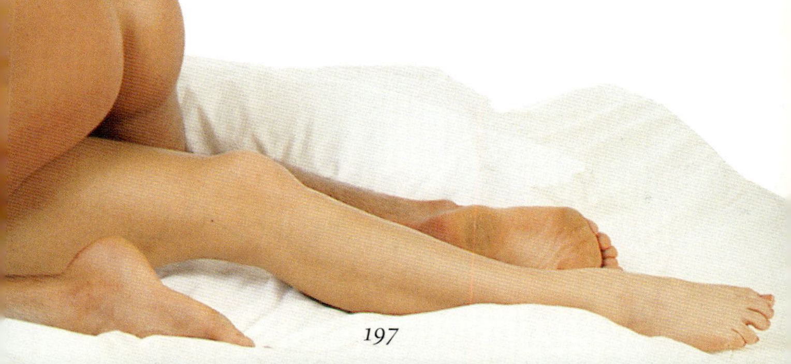

Appuyez votre bassin contre ses lèvres et sa main.

LES STIMULATIONS POUR ELLE

POUR PLUSIEURS FEMMES, LA STIMULATION SEXUELLE ne se borne pas à la seule pénétration. Ajoutez la touche magique des doigts et l'orgasme est pour ainsi dire assuré. Demandez à votre partenaire ce qui l'excite et, pendant que vous la caressez, assurez-vous de lui donner encore plus de plaisir en massant son sexe de la manière qu'elle préfère. N'ignorez pas le reste de son corps ! Le massage est meilleur quand il se termine par les parties génitales, et non seulement quand il vise uniquement celles-ci.

VARIEZ VOS GESTES *Étendez vos caresses et stimulations à l'extérieur de la zone génitale. Caressez son ventre, l'intérieur de ses cuisses, par exemple.*

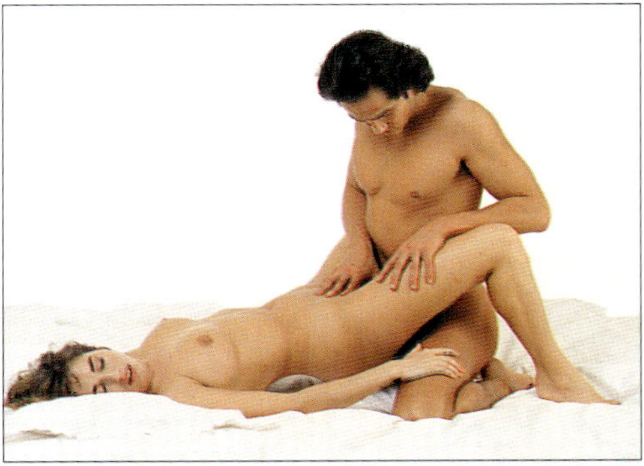

STIMULEZ SON CLITORIS

Le massage du clitoris est particulièrement indiqué dans les positions de pénétration par l'arrière. Chaque femme a ses préférences à ce propos. Vérifiez auprès de votre partenaire si elle aime vraiment ce que vous faites.

Glissez la main sous son bassin pour lui caresser le clitoris pendant la pénétration.

LES STIMULATIONS POUR ELLE (SUITE)

GARDEZ LES MAINS LIBRES

Toute position où votre partenaire est assise sur vous vous permet d'utiliser vos deux mains pour la caresser pendant que vous faites l'amour.

ACCROÎTRE L'ÉROTISME

Pour ajouter du piment aux positions par l'arrière, essayez de faire tournoyer vos hanches pendant les mouvements de va-et-vient. Votre partenaire connaîtra des sensations variées pendant que votre pénis massera différents points de la paroi vaginale.

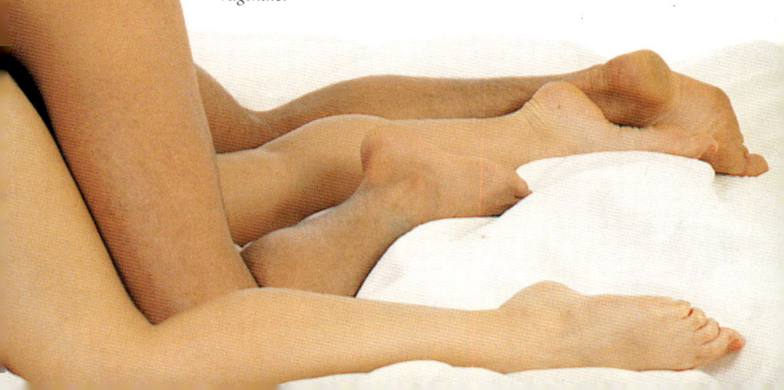

LA SEXUALITÉ SANS RISQUE

L'EXPRESSION « SEXUALITÉ SANS RISQUE » décrit des pratiques sexuelles qui réduisent les risques d'infections de type VIH qui entraînent le SIDA. Il s'agit de celles où il n'y a aucun échange de fluides corporels entre les partenaires, car ces fluides sont le principal véhicule du virus.

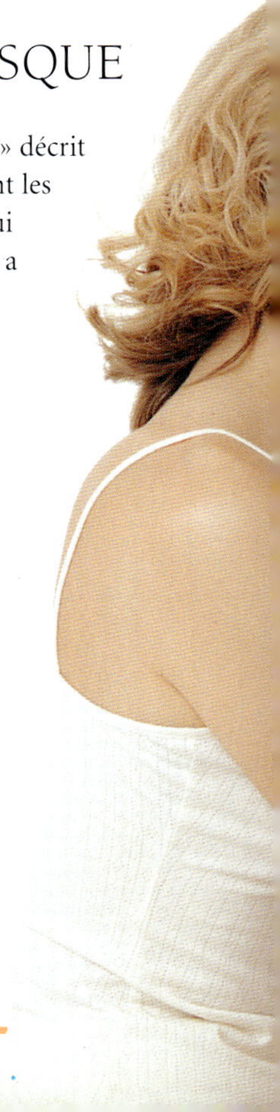

PRATIQUES SEXUELLES SANS RISQUE

Vous pouvez réduire les risques d'infection de plusieurs façons :

- Utiliser des condoms de latex.
- Pratiquer des stimulations sexuelles sans pénétration.
- Pratiquer le sexe oral. Prenez cependant des précautions, car il comporte un risque d'infection.

PLAISIR EN TÊTE

La sexualité sans risque ne signifie pas nécessairement une sexualité ennuyeuse. Il est possible de profiter d'expériences extrêmement stimulantes.

De tendres caresses peuvent être tout aussi chaleureuses qu'une relation avec pénétration.

LA DISSIPATION DE L'ÉNERGIE

J'ESPÈRE QUE, LA PLUPART DU TEMPS, vous arriverez à profiter d'un programme sexuel complet : baisers, massages sensuels, caresses mutuelles et pénétration totale. Mais parfois, et peu importe la raison, l'orgasme ne figure pas au programme (vous venez de donner un massage à une personne qui n'est pas votre partenaire, par exemple). Vous pouvez disperser l'énergie accumulée entre vous en suivant les techniques de dissipation de l'énergie.

DISPERSION DE L'ÉNERGIE

La dissipation de l'énergie est l'un des grands secrets du massage, que les maîtres-masseurs des années 1970 avaient pris grand soin de conserver. Cette technique vise à « masser » l'énergie pour la chasser par les extrémités sans qu'il y ait aucun contact avec le corps. Incroyable, peut-être, mais cela fonctionne vraiment. Si une chose peut vous prouver que nous dégageons réellement de l'énergie, c'est cette technique. On peut sentir le corps s'alléger à mesure que cette énergie est dissipée, nous laissant ensuite une merveilleuse sensation de bien-être.

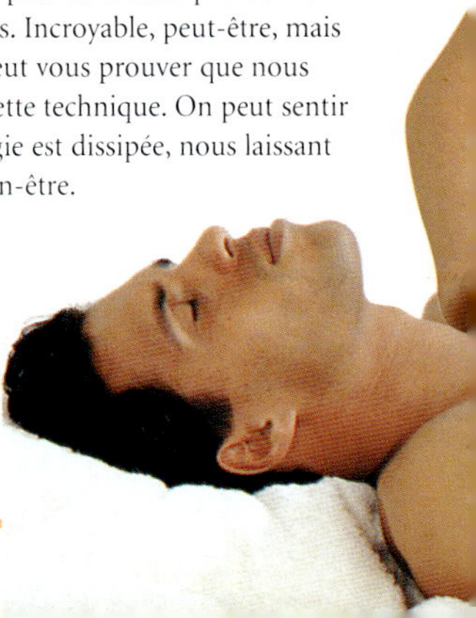

SENTIR LE HALO D'ÉNERGIE
Quand vous tenez vos mains au-dessus du corps de votre partenaire, vous pouvez réellement sentir l'énergie accumulée qui émane de lui.

LA TECHNIQUE DE DISPERSION

1 Tenez vos mains, paumes vers le bas, à un pouce du corps de votre partenaire.

2 Visualisez l'énergie comme un halo ou une brume légère recouvrant son corps. Effectuez des mouvements de balayage avec vos mains, et balayez l'énergie vers les membres et les extrémités (la tête, les doigts et les orteils). Vous ne devriez toucher son corps à aucun moment pendant ces mouvements.

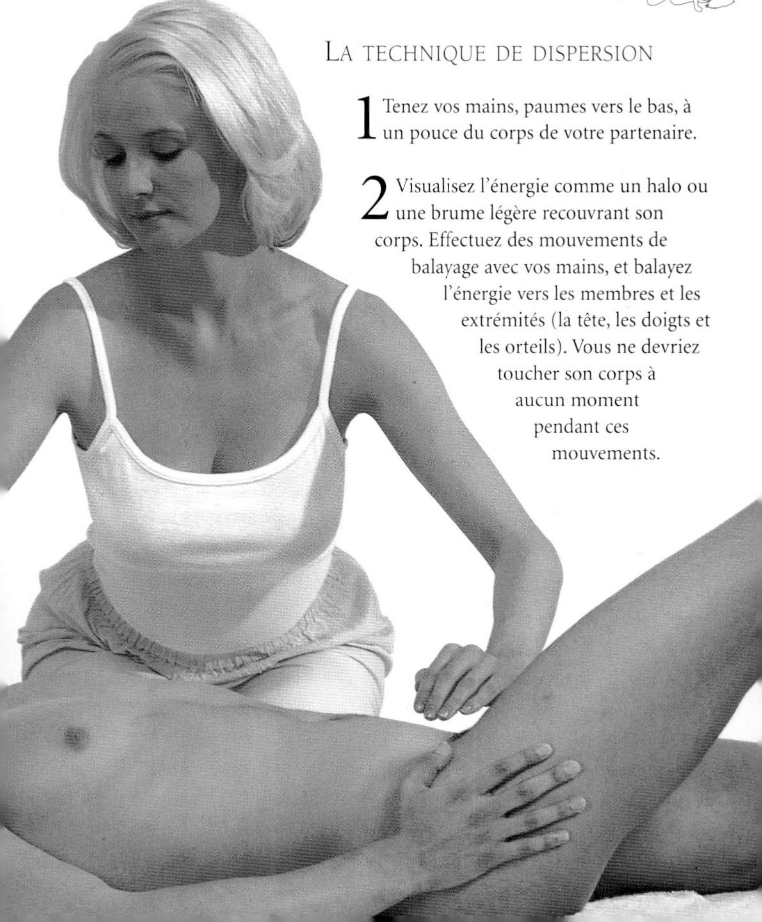

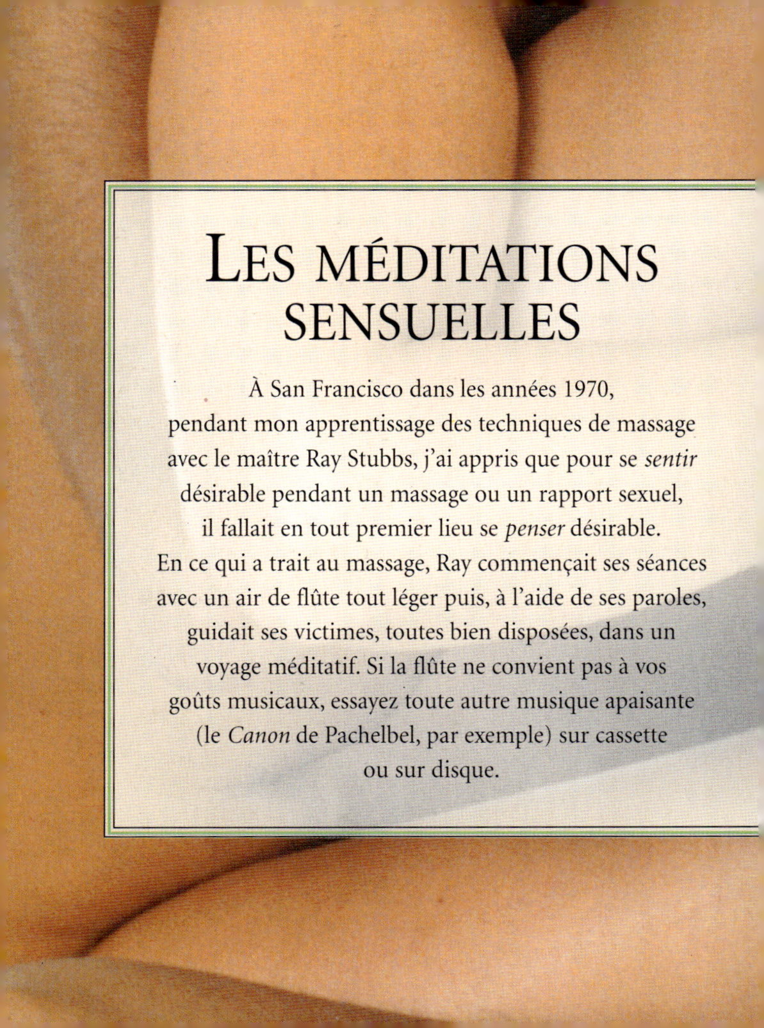

Les méditations sensuelles

À San Francisco dans les années 1970, pendant mon apprentissage des techniques de massage avec le maître Ray Stubbs, j'ai appris que pour se *sentir* désirable pendant un massage ou un rapport sexuel, il fallait en tout premier lieu se *penser* désirable. En ce qui a trait au massage, Ray commençait ses séances avec un air de flûte tout léger puis, à l'aide de ses paroles, guidait ses victimes, toutes bien disposées, dans un voyage méditatif. Si la flûte ne convient pas à vos goûts musicaux, essayez toute autre musique apaisante (le *Canon* de Pachelbel, par exemple) sur cassette ou sur disque.

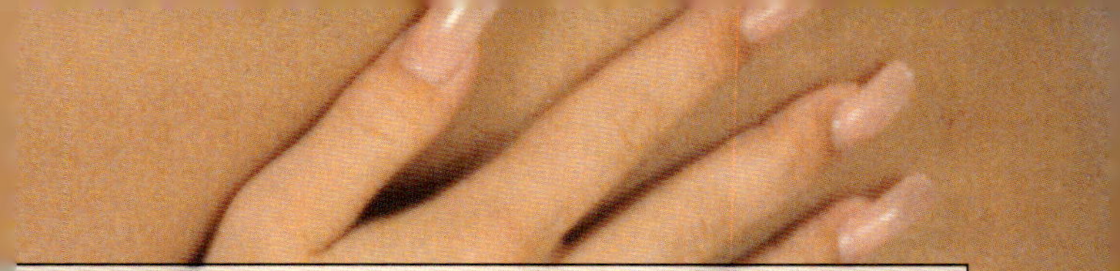

La préparation à la méditation

Il est recommandé de préparer la pièce qui servira à méditer pour qu'elle soit accueillante. Le modèle des années 1970 demeure l'exemple parfait : un local bien chauffé, des murs presque blancs, des plantes vertes et l'odeur des bâtons d'encens indiens qui parfument l'atmosphère. Après avoir écouté la musique suffisamment longtemps pour vous sentir bien détendus, vous pouvez entreprendre la lecture à voix haute des couplets méditatifs qui suivent.

Le choix du moment

Personnellement, je préfère méditer immédiatement après une séance de massage, car l'aventure vers laquelle l'imagination tend m'apparaît alors comme une conclusion poétique idéale.

Sentez-vous entièrement libre, cependant, d'effectuer ce voyage intérieur où et quand bon vous semble.

UNE AVENTURE MYSTIQUE

La séance de méditation suivante est la première à laquelle j'ai participé pendant mon apprentissage avec Ray Stubbs. Elle propose un voyage dans un endroit inconnu qui, à l'origine, me fut présenté par Ray et que je n'ai jamais oublié par la suite. La stimulation de l'imagination sensuelle est l'objectif visé par la méditation sensuelle. Cela signifie que la partie narrative ne renferme que très peu de détails et se veut surtout un énoncé succinct. Ce manque délibéré de repères visuels a pour but de vous laisser toute la liberté d'échafauder l'action à votre guise, avec tout l'exotisme dont votre esprit est capable. Cette expérience devient alors unique et extrêmement personnelle. Comme pour toute séance de méditation, avant de commencer, entourez-vous de confort et soyez bien détendu.

Le grondement des vagues déferlantes emplit vos oreilles comme le bruit des galets traînés sur la plage, au gré de la marée. Le soleil à l'horizon s'apprête à s'enfoncer dans la mer, et, en le regardant bien, vous le voyez plus lourd, plus large et plus cuivré.

PAUSE

Votre attention se porte maintenant vers la plage sur laquelle la mer s'apprête à vous rejeter. Les pierres et les galets, sous lesquels luit un reflet violacé, sont lourds et projettent une ombre cuivrée. La mer est chaude et rougeoyante et vous vous demandez ce qu'elle peut bien cacher dans ses profondeurs marines.

PAUSE

Tant bien que mal, vous arrivez à vous extirper des flots pour ensuite vous affaler sur la plage. D'où venez-vous ? Qu'est-ce que le sort vous réserve ?

PAUSE

Une irrésistible envie de dormir s'empare de vous, épuisé d'avoir tant résisté à l'onde. En rampant pour vous éloigner de l'eau, vous atteignez une dune moelleuse et chaude que le soleil a réchauffée. Une fois arrivé, vous vous laissez emporter par le sommeil. Ainsi, allongé sur le sable, offrez à votre corps ce moment de détente.

PAUSE

Emporté par le sommeil, votre esprit se met à rêver.

PAUSE

Dans votre rêve apparaît alors une créature étrange qui, portée par le ressac, glisse jusqu'à la rive à la recherche de quelque chose.

PAUSE

C'est vous qui semblez l'intéresser. Elle se met à ramper dans votre direction et s'arrête là où vous reposez. Jamais vous n'avez vu une créature pareille, mais déjà vous éprouvez le sentiment d'avoir devant vous un être intelligent. Ce n'est pas un animal, cette créature est dotée de raison. Vous ne craignez rien. Au contraire, une intuition favorable vous invite à entrer en contact. Timidement, vous la touchez. À quoi cela ressemble-t-il? Que ressentez-vous?

PAUSE

La créature, à son tour, touche votre visage. Pour être juste, elle presse quelque chose sur votre peau. Puis elle se met à appliquer des choses étranges sur plusieurs endroits de votre corps. Bientôt, vous êtes couvert de points qui font pression sur votre peau. La créature s'écarte légèrement et agite une pierre carrée dans votre direction. Chacun des points de pression se met à vibrer.

PAUSE

Baissez les yeux et regardez votre corps. Que voyez-vous ?

PAUSE

Vous vous apercevez que de chaque point de pression s'échappe quelque chose qui croît tout en vous ligotant étroitement avec adresse. Effrayé, vous tentez de vous dégager. Puis vous vous réveillez pour constater que le rêve est devenu réalité. Vous êtes pris dans un cocon, dans une toile tissée de fils légers et soyeux… incapable de bouger.

PAUSE

Au moment où la panique s'empare de vous, une voix apaisante se fait entendre dans votre tête pour immédiatement vous calmer et vous rassurer. « Ne craignez rien, dit-elle, je ne vous veux aucun mal. Je m'occupe de vous. » Et voilà que, comme par magie, votre esprit se libère et votre corps entier semble plus léger. En jetant de nouveau un coup d'œil, vous vous apercevez que vous volez.

PAUSE

Vous survolez le paysage étranger. Les couleurs sont très différentes de ce que vous connaissez et les textures… insolites. Malgré tout, cette terre est accueillante et sécurisante. Observez bien cette région magnifique. Que voyez-vous ?

PAUSE

Votre corps se pose délicatement sur un nuage. Vous avez le sentiment d'être couché dans la ouate. Niché ainsi dans le firmament, vous sentez que le point de pression sur votre front transmet à votre cerveau une impression de beauté absolue. Jamais vous ne vous êtes senti aussi serein. Vous avez envie de déployer vos ailes pour vous envoler au-dessus de ce monde nouveau.

PAUSE

Allongé sur le nuage feutré, vous sentez tomber le cocon soyeux qui recouvrait votre corps, le révélant alors nu et parfait. Votre beauté est celle dont vous avez toujours rêvé.

PAUSE

Tout en vous émerveillant d'une telle splendeur, vous remarquez que le nuage près de vous se met à tournoyer. Il se transforme peu à peu jusqu'à se métamorphoser en un être sublime allongé à vos côtés. C'est l'amant que vous désirez depuis toujours.

PAUSE

Rien de ce que fait ou dit cet être ne saurait vous blesser. Vous avez la certitude de pouvoir lui faire entièrement confiance. Une agréable impression familière vous envahit. Vous êtes imprégné du sentiment d'être de retour en terrain connu.

PAUSE

En vous prenant par la main, cet amant vous entraîne vers une longue flamme ondoyante. C'est la flamme de la vie éternelle. Toutes les couleurs de ce spectre lumineux se déploient devant vous.

PAUSE

L'énergie, blanche et pure, pénètre peu à peu votre corps en s'insinuant à travers chacun des pores de votre peau. Vous avez l'impression de vous décomposer, puis de vous réassembler. Vous êtes purifié, rayonnant, translucide et empli de sensualité. Une simple caresse, aussi légère que celle d'une plume, vous transporterait au sommet de l'extase.

PAUSE

Emporté par ce courant extatique, vous glissez vers la mer en un rayon de lumière blanche pour retrouver la vague qui en premier lieu vous poussa vers la rive. Seulement maintenant, la vague change de couleur. Pendant que vous vous enfoncez dans les flots, la blancheur de votre être dégage une pureté cristalline… la mer déferle étincelante et limpide sur des kilomètres à la ronde.

PAUSE

Votre voyage est terminé. Maintenant, laissez la pureté de la mer qui s'étale devant vous vous combler, vous purifier et vous vivifier sans fin. Vous êtes pur, immaculé et absolument en paix.

L'AVENTURE UTÉRINE

La sensualité est plus qu'une question de sexualité. La sensualité s'ébauche autour des différentes textures que l'on touche, des sons harmonieux que l'on entend, des couleurs voluptueuses que l'on voit et du sentiment que l'on a d'être empli de beauté. Cette séance de méditation n'est pas spécifiquement sexuelle. Néanmoins, j'espère qu'elle stimulera votre imaginaire sexuel. L'imagination est un outil puissant. Elle vous permet de revivre des expériences passées ou d'imaginer ce qui arrivera dans l'avenir. L'imagination vous permet de prendre part à un fantasme et d'ajouter un peu de saveur à la fantaisie. L'aventure méditative qui suit vous laissera, je l'espère, quelques souvenirs du paradis. Elle vous ramènera à votre toute première expérience sensuelle – celle de la période préconsciente.

Vos yeux sont fermés. Vous êtes au chaud, douillettement installé et recroquevillé. Vous êtes en sécurité, entouré de sons familiers rassurants, qui atteignent régulièrement vos oreilles. Vous êtes comprimé, confiné, et, pour mesurer votre degré de liberté, vous tendez un bras et l'appuyez contre la paroi qui vous enveloppe, celle qui donne sur l'autre monde. Vous sentez ce monde extérieur, vous l'explorez du bout des doigts et de la paume de la main.

PAUSE

Ouvrez les yeux. Une faible lumière rougeâtre luit quelque part en dessous de vous. Il y a peu de choses à voir… mais tant de choses à toucher. De nouveau, vous laissez courir une main le long de la paroi ceinturant votre monde. C'est doux, élastique et souple. Soudain, une pression de l'extérieur fait reculer votre main exploratrice. Contact !

PAUSE

Vous poussez à votre tour. Puis tout à coup… s'élèvent des sons. Des sons qui ne ressemblent en rien à la rumeur des profondeurs… les profondeurs dans lesquelles vous baignez depuis si longtemps. Vous reculez, surpris par le bruit venant du monde extérieur.

PAUSE

Voilà que les sons s'accordent sur une partition particulière, une sorte de rythme, un battement. Vous bougez et tanguez, mû par la houle qui se déverse sur vos membres. Le fluide déferle tout autour de vous, caressant votre peau jusqu'à vous donner l'impression que ces mouvements proviennent de l'intérieur même de votre être.

PAUSE

Vous louvoyez au gré de la marée. Vous ondoyez comme une algue agitée par le courant marin. La marée s'élève et s'abaisse. La partie inférieure de votre corps suit le courant, vous inspirez sur le courant de reflux et l'écoulement de l'eau comme si vous étiez vous-même l'océan.

PAUSE

Le rythme continue. Vous sentez une pression, une étreinte vigoureuse. Vous êtes compressé avec fermeté contre la paroi de votre monde et vous en éprouvez néanmoins du plaisir. L'étreinte est satisfaisante – votre peau se ride ; vous sentez des picotements sur la poitrine et entre les jambes. Vous levez les bras pour sentir de nouveau les picotements de plaisir. Une onde d'harmonie et de sensualité flotte autour de vous. Le plaisir se mêle à votre univers limpide qui écume et bouillonne autour de votre corps et de votre visage. Vous respirez la pureté de sa sensualité.

PAUSE

Vous ne faites qu'un avec cette vague de plaisir. Ce qui coule à travers les flots coule aussi à travers vous. Le liquide qui court le long de vos membres s'écoule à un rythme accéléré en frottant le moindre de vos pores en un mouvement de va-et-vient continu jusqu'à vous donner l'impression d'être sur le point de subir l'effet érosif d'un pareil délice.

PAUSE

Une bouffée de satisfaction brouille la mer qui vous entoure et inonde votre visage. Vous inspirez les endorphines et ouvrez la bouche, rempli d'étonnement et euphorisé par cette cure miracle soufflée tout à coup d'un bout à l'autre de votre monde et qui s'insinue dans tout votre être.

PAUSE

Brusquement vous vous sentez comprimé, violemment. Cela fait mal. Et cela fait mal encore. Puis cette vague de plaisir, qui est vous en même temps, ressent cette douleur d'un autre extrême. Une sensualité d'un genre différent — l'autre côté de la sensualité. Le plaisir et la douleur de la souffrance font partie intégrante de votre être. Comment, finalement, pourriez-vous savoir ce qu'est le plaisir sans connaître la douleur ?

PAUSE

Les parois de votre univers se replient sur elles-mêmes, menaçant de vous mettre en pièces, de vous pulvériser. Néanmoins, vous tenez bon et, tel un bouchon de liège perdu dans l'immensité de l'océan, vous continuez à danser sur l'eau. Vous survivez.

PAUSE

Au moment où vous vous demandez si vous devriez avoir peur, un autre courant extatique déferle sur votre peau et se mêle alors au tumulte des eaux, à la douleur qui vient de l'extérieur et au plaisir de l'intérieur… vous êtes dépassé par l'immensité de ce chaos.

PAUSE

Vous vous laissez aller, ballotté d'un côté à l'autre, étiré puis tassé, écrasé puis abandonné ; votre monde n'est qu'un ouragan en haute mer. Malgré tout, vous résistez et continuez à tanguer, tanguer, et tanguer encore.

PAUSE

Jusqu'à l'accalmie. Jusqu'à ce que les eaux s'apaisent et les pressions ne soient plus. Enfin vous voilà. Rassuré après la tempête. Vous pouvez tout surmonter. Tout en retrouvant vos songes, vous entendez un chant se répandre dans votre tête – un chant poétique s'élevant de ces voix étrangères à votre être. Un poème répète sans cesse le même vers : « Je t'aime, je t'aime, je t'aime. »

PAUSE

C'est bon de ressentir l'amour à l'intérieur de nous. L'amour est une aventure et quand on dit amour, on dit action, séduction et une foule de plaisirs. L'amour, par ailleurs, c'est aussi la souffrance, mais une souffrance qui se veut séduisante. Et l'amour, c'est la survie. Vous voilà… voilà aussi la mer… et par-dessus tout cela, le rythme régulier d'un battement de cœur. Et vous vous dites : « Voilà quelque chose qui me suivra toujours. » Et effectivement, cette chose vous suivra toujours, persistant à l'intérieur de vous, dans vos rêves d'enfance, dans l'esprit de vos frères et de vos sœurs ainsi que dans la conscience profonde de vos amis. La mer, le voyage, la tempête et la survie sont les premières expériences sensuelles enregistrées par l'être humain et ce sont elles qui nous préparent à la vie.

FIN

LE PRÉ

Pour effectuer cette séance de méditation, vous devez vous allonger sur le dos sur une surface confortable et fermer les yeux. Même si, à un certain moment au cours de l'exercice, on mentionne de fermer les yeux, dites-vous que ce n'est qu'une instruction à l'intérieur de la séance de méditation. En réalité, vos yeux doivent demeurer fermés jusqu'à la fin de l'exercice.

La sensualité comporte de multiples facettes. Certes, la beauté et l'érotisme en sont des éléments importants, mais il y a aussi les émotions que l'on néglige souvent. Ces émotions peuvent s'exprimer par l'intimité, la sécurité, le sentiment que quelqu'un, quelque part, pense à vous. Dans cette séance de méditation, très belle et sensuelle, la nostalgie est liée à des signaux olfactifs et visuels très forts.

Votre corps repose sur une surface composée d'herbes printanières. Dans vos oreilles résonne le bourdonnement des insectes. Un courant d'air chaud frôle le léger duvet de votre peau et vous entendez non loin le pépiement et l'appel des petits oiseaux. En déplaçant les mains, paumes contre le sol, vous vous apercevez qu'elles reposent sur de petites touffes d'herbes moelleuses.

PAUSE

Caressez l'herbe. Faites glisser les tiges entre vos doigts. Sentez ces feuilles à bords tranchants filer sur vos mains comme des rubans de velours.

PAUSE

En poursuivant votre voyage imaginaire, ouvrez les yeux (en pensée). Partout autour de vous se trouvent de grandes frondes d'herbes fourragères ondoyant sous la brise qui souffle sur votre visage.

PAUSE

Du coin de l'œil, vous arrivez à voir une fleur écarlate, puis une autre, puis plusieurs parsemant l'herbe environnante. Tout juste au-dessus de votre pied droit se trouve une petite fleur bleue ; à votre gauche, des marguerites jaunes et blanches.

PAUSE

La brise vous caresse de nouveau. Son souffle devient plus pressant. Et encore plus insistant. Sentez-en l'effet sur votre peau. Le courant d'air humide déferle sur le pré et toutes les fleurs et les herbes s'inclinent majestueusement vers vous en un mouvement concerté tel un immense effet de vague s'étendant de part et d'autre de la prairie.

PAUSE

Sur sa lancée, le courant vous étreint comme le reste des fleurs. Voilà que vos cheveux flottent devant vous et que vos membres s'allègent… vous quittez le sol. Votre corps se promène au-dessus de l'herbe, qui, avec les fleurs, fouette votre peau alors que vous traversez le champ.

PAUSE

Au cours de votre envol, les fleurs multicolores laissent sur votre peau des traînées de pollen qui vous décorent bientôt de rayures et de motifs bariolés : bleu, rouge, jaune, vert et blanc. Vous vous confondez avec le pré, vous êtes le pré et vous voyagez encore, vous élançant, comme le ferait un vol d'insectes, parmi les tiges et les feuilles longues.

PAUSE

Regardez vers la gauche. Il y a là un lapin, emporté lui aussi par le même zéphyr. Son petit nez est frémissant et sa courte fourrure séparée en raie par la force de cette aventure précipitée. Pendant un certain temps, vous flottez tous les deux à la même hauteur. Allongez alors le bras et caressez-lui le dos. Il se tourne vers vous pour vous adresser un regard muet empreint de délice avant d'être emporté et de n'être plus qu'un point noir à l'horizon. Vous poursuivez votre voyage aéroporté, par-dessus le pré qui paraît si grand maintenant qu'il semble une immense prairie.

PAUSE

La brise tombe peu à peu. Lentement, doucement, elle vous dépose au bord d'un petit cours d'eau. Penchez-vous et regardez l'eau.

PAUSE

Voyez-vous les poissons? Arrivez-vous à percevoir le mouvement de leurs nageoires, papillonnant dans l'ombre en suivant le courant?

PAUSE

De l'autre côté de la rive, des vaches noires et blanches broutent. Écoutez. Entendez-vous leurs mâchoires activement occupées à mâcher bruyamment ce riche pâturage?

PAUSE

Le soleil darde ses rayons sur votre dos. Asseyez-vous sur la berge et laissez pendre les pieds dans l'eau. Détendez-vous et savourez ce moment.

PAUSE

Fermez les yeux de nouveau et écoutez très attentivement. Entendez-vous l'eau ? On perçoit des ruissellements tout près, mais le cours d'eau tourbillonne en faisant des remous. Plus loin, presque au-delà de votre champ d'audibilité, percevez-vous le grondement sourd d'un rapide ? Il y a de l'agitation dans l'air et, en ouvrant les yeux, vous apercevez un petit oiseau bleu s'enfonçant dans un trou de l'autre côté du rivage. Retenez bien votre souffle et attendez.

PAUSE

L'oiseau émerge du trou et plonge dans l'eau, tout juste en face de l'endroit où vous êtes assis. En baissant les yeux, vous pouvez le voir qui nage maintenant sous l'eau. Il attrape un alevin, sort de l'eau avec vivacité et retourne à son nid. Voyez-vous les couleurs de son plumage ? Les tons de bleu et de vert ? Ce reflet irisé ?

PAUSE

Paresseusement installé sous le soleil, bercé par le bruit incessant de l'eau qui s'écoule, à moitié endormi, vous entendez quelqu'un qui vous appelle au loin. « Chééèri. Où es-tu ? Par là ? » Vous reconnaissez cette voix. C'est celle de quelqu'un que vous aimez – quelqu'un qui sait vous réconforter. Vous rendre heureux. Qui est-ce ? Pouvez-vous vous imaginer qui est cette personne ?

PAUSE

C'est l'heure du thé et on vous appelle à la maison. Sans vous presser, vous traversez le pré en suivant cette voix. Vous marchez à pas mesurés au travers des hautes herbes et des fleurs sauvages jusqu'à ce que vous aperceviez un nuage de petits papillons bleus virevoltant au-dessus d'un massif de fleurs mauves. Arrêtez-vous et admirez la délicatesse de leurs mouvements. Voyez-vous les battements de leurs ailes ? La complexité de leur danse lorsque les papillons ondulent ici et là à l'intérieur de chacune de leurs trajectoires ?

PAUSE

Figez l'un de ces papillons dans votre esprit. Immobilisez-le lorsque ses ailes sont à moitié déployées de manière à voir la brillance de ses couleurs. De quel ton de bleu est cette créature ? La teinte est-elle uniforme ? Ou bien le bleu se pare-t-il d'une autre nuance ? Va-t-il du foncé au clair ? Les ailes sont-elles lustrées et brillantes ? Ou plutôt du bleu pâle et mat d'un livre d'histoire ? Il s'agit ici de *votre* papillon. Vous pouvez lui donner toutes les nuances d'azur que vous voulez.

PAUSE

Relâchez-le maintenant. Laissez-le s'envoler pour rejoindre ses amis tout frétillants. En suivant de nouveau la danse des papillons, vous entendez encore l'appel : « Chéééri. Où es-tu ? » Et vous vous remettez en route.

PAUSE

Le pré descend en pente et votre pas s'accélère. Ici, l'herbe d'un vert émeraude brillant est broutée par les lapins, labourée et arrangée en terrasses par les petits sentiers qu'ils creusent. Au loin, au pied de la colline, au creux d'une petite vallée, il y a une maison. Sur le pas de la porte, une toute petite silhouette agite la main.

PAUSE

À quoi ressemble cette maison ? C'est la seule habitation de la vallée. Sur des kilomètres à la ronde, il n'y a que des arbres, des champs et des fermes. Mais à l'horizon, si vous regardez attentivement, vous pouvez apercevoir quelques traînées de fumée blanche qui signalent l'emplacement d'un village.

PAUSE

Tout en continuant de descendre la colline, en gambadant de joie,
vous constatez que la maison vous semble plus précise
à mesure que vous en approchez. À qui appartient-elle ?
Vous savez que vous y êtes bienvenu.
Vous savez que l'on vous y attend. En vous voyant approcher,
la silhouette sur le pas de la porte retourne à l'intérieur.
Les odeurs de cuisine se mêlent aux odeurs campagnardes.
Sentant soudainement la faim, vous pressez le pas
en songeant au repas que vous allez prendre.

PAUSE

Vous entrez dans la maison alors que le soleil s'apprête à se coucher.
C'est la fin de la journée et des bougies éclairent la pièce.
L'odeur d'un bon plat chaud se répand dans l'air du soir.
Plus loin, dans la pénombre, au bout de la pièce, un visage
souriant se tourne vers vous, transportant bien haut
un plat fumant en vous le tendant.
Vous êtes revenu à la maison.

FIN

L'ARBRE DE VIE

Cette dernière séance de méditation s'inspire d'un dessin intitulé *L'arbre de vie.* Cette illustration, qui est aussi un casse-tête, se compose de plusieurs petits éléments. Ceux-ci sont accrochés dans l'arbre ou situés en dessous, au sol. À certains moments pendant la méditation, vous devrez choisir de monter ou non dans l'arbre. Le but de ce casse-tête est de décider à quel endroit de l'arbre on se sent le plus heureux, et de réfléchir ensuite à son choix. Quand vous aurez achevé la séance de méditation et escaladé l'arbre, prenez le temps de penser aux sentiments que vous aurez éprouvés et à l'endroit de l'arbre où vous vous sentiez le mieux.

Vous êtes devant une image. Tracé au crayon, un arbre immense aux branches étendues. Des gens sont dispersés au pied de l'arbre, sur le tronc, sur les branches. De petits hommes et de petites femmes qui chantent et dansent, se débattent et sanglotent, grimpent et tombent. L'arbre en est rempli. Ils sont partout. Aucun endroit de l'arbre n'est inoccupé. Même sur les branches les plus hautes qui se balancent au vent, minces et fragiles, des personnes regardent vers le haut en se demandant si elles peuvent grimper encore un peu.

PAUSE

Vous continuez à contempler l'image. Les gens installés dans l'arbre commencent à bouger. Quelques-uns sont en train de grimper. Deux personnes assises sur une branche s'embrassent. Une autre, juchée dans la fourche principale, vous fait signe de la main.

PAUSE

Maintenant, vous entendez le grincement des branches, le bruissement des feuilles, le murmures des hommes et des femmes perchés comme des étourneaux. La personne qui vous a fait signe vous appelle maintenant.

PAUSE

« Viens ! Grimpe jusqu'ici ! » vous dit-elle. Un peu surpris, vous regardez aux alentours. Vous vous apercevez que vous êtes désormais à l'intérieur de l'image. Devant le grand arbre. C'est vous que l'on appelle. Vous regardez la personne qui vous invite avec plus d'attention et elle a un air amical.

PAUSE

« C'est facile de grimper. N'aie pas peur », vous dit-elle.

PAUSE

Vous regardez la base de l'arbre de plus près. Une personne s'y trouve, essayant vainement de grimper sur la première partie. Elle se débat inutilement, un pied encore au sol. Vous vous persuadez de pouvoir faire mieux si seulement vous arrivez à franchir cette première étape. Même s'il n'a aucune branche basse, le tronc de l'arbre est rugueux et vous sentez que vous pourriez atteindre la branche maîtresse si vous trouviez une seule prise pour vos orteils.

PAUSE

« Laisse tomber », dit une voix derrière vous. Vous vous retournez et voyez quelqu'un qui se redresse après une chute et qui se masse l'épaule endolorie. « C'est impossible. Tu vois, je me suis blessé. »

PAUSE

Vous hésitez. Vous ne voulez pas vous blesser. Mais le sommet de l'arbre est si invitant. Et la personne qui vous appelait est très attirante. Si elle a pu grimper, vous le pouvez sûrement aussi. Deux autres personnes sont étendues dans l'herbe au pied de l'arbre. « C'est vraiment confortable ici. Nous sommes très bien à l'ombre », vous font-elles remarquer. Vous regardez tout autour et constatez qu'il fait très chaud, que l'arbre offre un abri contre les rayons du soleil. Il est tentant de se laisser aller avec les autres et de paresser auprès d'eux, au lieu de vous éreinter à faire de l'escalade.

PAUSE

Comme vous hésitez, une voix vous appelle : « C'est fantastique, ici. Viens, monte. » Vous voyez votre interlocuteur, chevauchant la fourche tel un marin sur la vergue d'un voilier. Dans les hautes branches étendues souffle une brise. Vous voyez qu'elle agite les feuilles.

PAUSE

Vous décidez de tenter votre chance. Avant de commencer, vous regardez attentivement la personne qui vous appelle. Est-ce un homme ou une femme ? Blanche, noire, asiatique ? Grande ou petite ? Robuste ou délicate ? De quelle couleur sont ses cheveux ? Sont-ils lisses ou bouclés ? Quels vêtements porte-t-elle ?

Qu'est-ce qui rend cette personne si attirante ?
Quelle est l'expression de son visage ?

PAUSE

Maintenant que vous avez une image précise de cet être, vous commencez l'ascension. Une personne étendue sur la branche maîtresse vous aide à franchir cette première étape, la plus difficile. Pendant un moment, vous croyez que vous allez tomber, mais vous retrouvez l'équilibre. Bientôt, vous êtes à califourchon sur la branche et vous contemplez celles qui sont au-dessus.

PAUSE

Déjà, le panorama s'offre à vous. Que voyez-vous au loin ? Quel paysage se déploie ? Il est bon d'être là-haut avec les autres. Tellement bon que vous songez à y rester. Qu'importe si vous n'allez pas plus haut. Personne ne vous oblige à grimper encore. Vous pouvez choisir de rester sur la branche maîtresse.

PAUSE

SI VOUS DÉCIDEZ DE RESTER LÀ, LISEZ LE PARAGRAPHE SUIVANT ET ENSUITE CELUI DE LA FIN. MAIS, SI VOUS VOULEZ CONTINUER L'ASCENSION, SAUTEZ LE PARAGRAPHE SUIVANT ET LISEZ LE RESTE JUSQU'À LA FIN DE LA MÉDITATION.

Vous vous sentez en sécurité à cet endroit. Vous avez accompli le plus difficile, et c'est ce qui compte. Vous entamez une conversation avec une personne au pied de l'arbre et, quand vous finissez par redescendre, elle vous aide. Peut-être est-ce dommage que vous ne soyez pas monté à la rencontre de votre nouvel ami. Mais vous savez que vous avez accompli un exploit. Et vous espérez que cette personne sera encore là la prochaine fois. Vous sentez que vous n'êtes pas allé assez loin. Quand vous levez les yeux, vous voyez les autres qui se balancent tout là-haut. À cette hauteur, l'arbre est encore trop solide pour qu'il bouge. De toute façon, vous êtes déterminé à rencontrer votre nouvel ami.

PAUSE

Vous reprenez l'ascension. Tout est désormais plus facile. Naturellement, vous devez être prudent. Mais si vous vous agrippez fermement, tout ira bien. Vous en dépassez d'autres qui ont mis fin à leur ascension et qui sont assis ou debout sur des branches, contemplant l'horizon.

PAUSE

Vous n'êtes plus très loin de la fourche où vous attend votre ami. Quand vous y êtes presque arrivé, il se tient à l'arbre par un bras et vous tend l'autre pour vous aider dans cette dernière partie. Il vous serre chaleureusement dans ses bras. Vous vous sentez bien.

PAUSE

Vous admirez la vue pendant un certain temps, tout en profitant de la compagnie de votre nouvel ami. Toutefois, après un moment, vous prenez conscience qu'il est encore possible d'aller plus haut. Vous ne pouvez résister à l'envie de terminer l'ascension. La journée ne sera pas complète tant que vous n'aurez pas été aussi loin que possible. Vous vous sentez capable de gravir encore plusieurs niveaux. Vous continuez à monter en vous agrippant avec soin et en vérifiant la solidité des branches qui sont de plus en plus minces.

PAUSE

Au sommet, vous êtes pris d'un sentiment enivrant. Le vent souffle en caressant vos cheveux et votre visage. Tout est silence, là-haut. Les bruits d'en bas ne vous atteignent plus. Votre regard s'étend sur des kilomètres et des kilomètres de campagne. Au loin, vous pouvez apercevoir les toits d'une grande ville.

PAUSE

En soupirant de contentement, vous vous retournez pour commencer la descente. Soudain vous perdez pied. Vous commencez à tomber. Tout d'abord, avec lenteur. Mais plus vous basculez vers le sol, plus la vitesse augmente. Vous vous écraserez bientôt. Que faire ? Qui peut vous sauver ?

PAUSE

Vous le pouvez. À la dernière minute, vous étendez les bras et commencez à voler. Vous montez en chandelle, loin du sol, telle une fusée. La seconde d'après, vous volez en cercles autour de l'arbre. Vous savez que vous êtes en sécurité. Vous pouvez aller n'importe où dans l'arbre, et vous y serez bien. Il vous revient finalement de décider que faire, où aller.

PAUSE

Allez-vous voler vers votre nouvel ami ? Retourner au sommet ? Essayer d'autres branches ? Rencontrer de nouvelles personnes ? Votre décision finale révélera un aspect de votre personnalité. Mais le choix est entièrement vôtre. Prenez le temps nécessaire pour y réfléchir. Vous pourrez toujours reprendre vos ailes pour retourner à l'arbre à un autre moment.

FIN

INDEX

O

P

R

S

REMERCIEMENTS

Produit par: Focus Publishing, The Courtyard, 26 London Road, Sevenoaks, TN13 1AP

Photographies: Mark Harwood, Ranald MacKechnie, Paul Robinson, Jules Selmes